宁波文化丛书

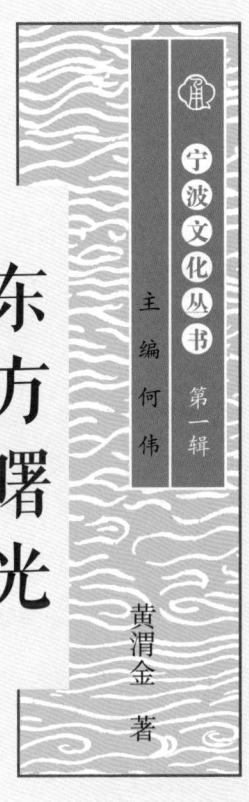

宁波文化丛书 第一辑

主编 何伟

东方曙光

宁波史前文明

黄渭金 著

宁波出版社

《宁波文化丛书》
编纂委员会

主　任　余红艺

副主任　张松才　何　伟　陈佳强　邹大鸣　詹鑫华　姚晓东

成　员　（按姓氏笔画排列）
　　　　马玉娟　王耀成　方同义　陈三俊　徐剑飞
　　　　涂师平　黄渭金　黄定福　谢安良

主　编　何　伟

总序

唤醒宁波的文化之魂

◎ 何 伟

（一）

中国的古城实在不少，若论我国沿海最早的文化古城，只要稍稍具备历史地理的眼光，都会聚焦宁波——中国大陆海岸线的中点。

这座从远古走来的名城，河姆古渡的骨哨一吹就是七千年，展开了一幅幅风云际会的历史长卷。翻开谭其骧先生主编的《简明中国历史地图集》，不难发现宁波在我国沿海各大城市中的"早熟"：当宁波沐浴河姆渡的文明曙光时，我国海岸线上的先民基本还处于文明的空白处；当宁波先秦时期设县建制，广州还是邻近番禺的宁静村庄；当宁波唐代建州（相当于今天的地级市），已是"海外杂国，贾舶交至"的繁华城市，此时的上海还只是一个海滨渔村；宋代的宁波已是我国闻名国际的四大港口城市之一，天津还是名不见经传的一片滩涂；及至近代宁波作为"五口通商"被迫开埠，青岛、大连等城镇化才刚刚起步，更不必说改革开放后才崛起的深圳了。

如此"炫耀"的类比，无意仰己抑人。只想说明，以商城闻名的宁波，其实是隐身的文化重镇。其文化价值和地位，显然是被低估了。仅以中华文明源头之一的河姆渡为例：其制陶、稻谷和干栏式建筑的发现，修正了我国学术界总把黄河流域作为中华民族的唯一摇篮的定论，确认了长江流域是中华民族另一个发源地。其出土的代表海上活动的六支桨，印证了宁波先民是我国"海上丝绸之路"的先驱，为我国台湾和太平洋岛屿的文化作出历史性的贡献。澳大利亚悉尼市迪米蒙地电影制片公司在20世纪80年代拍摄了一部记录太平洋沿岸历史的影片，其序幕就是从河姆渡开篇的。

宁波文化矿藏的丰富性和不凡品质，还在于这里是海上丝绸之路的起源地之一，中国大运河的出海口之一，沿海城市中建城的起源地之一，金融史上我国钱庄的发源地之一，海运史上造船和航海的发源地之一……总之，宁波文化是整个中国文化经络中一个很关键的穴位。宁波的历史区域文化，犹如一座丰盈的藏书楼，在文化复兴的聚光灯下，亟须整理与传播。

宁波历史文化何其久也，宁波地域文化何其丰也，先贤前辈们已经为宁波开辟出了一块文化沃土。每念及此，作为祖籍宁波、生活于宁波的我，不禁对家乡深厚的文化遗产肃然起敬。可是，在今天追赶现代化国际港口城市的目标时，有多少宁波人还记得曾经的灿烂？又有多少人了解宁波往昔的辉煌？

（二）

区域文化研究的兴盛和传承，是近年来国内学界的独特景观，既得益于文化的复兴，又受到区域发展竞争的推动。齐鲁文化，燕赵文化，三晋文化，巴蜀文化，吴越文化，荆楚文化，岭南文化，等等，不一而足。这股热潮也波及作为吴越文化分支之一的宁波文化。

某种文明的价值观、思维方式和风俗习惯等，根本上是由地缘自然条件所决定的。文明所处的地缘环境与精神性格之间有着必然的因果关系。法国历史学家布罗代尔认为,影响一个文明的精神气质最根本的因素,是地理条件和自然环境,换成老百姓的说法,就是"一方水土养一方人"。

宁波地处东海之滨,三面环山,潮汐出没的宁绍平原居中,多类型地貌孕育出姚江、奉化江、甬江流贯其中,江河湖海点缀其间,构成了宁波"经原纬隰,枕山臂江"的地理特征。"南通闽广,东接倭人,北距高丽,商舶往来,物货丰溢。"(宝庆《四明志》)"自宋以来,礼俗日盛,家诗户书,科第相继,间占首选,衣冠人物甲于东南。"(成化《宁波府志》)

文化早熟的宁波好比一个内敛聪慧的智者,有外貌形象,有性格气质,也有个性脾气。发源于四明,耸立于三江,兼得中西交汇之利,倚其7000年的文明发展,塑造了一整套属于自己的优秀文化符号、习俗和精神,说得洪亮一点,叫作"宁波文明"。

每一个城市都有自己的来龙去脉,每一座城市都有独特的文化符号。宁波的文化特质,如果要用极精简的字词来表达,就是"江海"和"商贾"。水路交通和商帮文化是阅读宁波风云际会悠长岁月的两个关键词。伸展开来,从类型看,有海洋文化、农耕文化、港口文化、海防文化;从特质看,有商帮文化、耕读文化、工匠文化、饮食文化;从思想看,有浙东文化、佛教文化;从文人看,名儒硕彦,人文荟萃,有南宋的心学先贤"甬上四先生",有先生之风山高水长的严子陵、知行合一的心学大师王阳明、开启日本明治维新的导师朱舜水、工商皆本的民本思想家黄宗羲……正可谓千年古城,百年风云,几度沉浮,气血不衰,乃文化之力也。

(三)

一座城市的持久吸引力,不在林立高楼,而在文化气质。让城市站立不衰的，是文化"软实力"。表面上看，决定城市差异的是经济，骨子里是文化。今观神州，仰赖房地产狂奔的造城运动，流水线般建造的排排高楼大厦取代古城旧貌，割断了多少城市的历史脉络，推平了多少地域审美特征，埋葬了多少丰厚的历史记忆，已经无法计算。宁波籍文化大家冯骥才先生认为，我们中国历史悠久，民族众多，地域多样，每个城市都有独特和鲜明的城市形象。可惜，现在我们660个风情各异的城市形象基本都消失了，即使有，也支离破碎，残缺不全，很难再呈现出一个整体的城市形象。眼下，追名逐利遗失了文化，随波逐流遗忘了故乡，身在故乡而不知故乡何在。

物欲越是膨胀，文化越是珍贵。宁波人之所以成为宁波人，并不是因为出生在宁波，而是身上承载着宁波的文化符号和基因。这些由宁波的风俗、语言和信仰因素组成的"宁波腔调"，以及地缘、血缘关系组成的坐标系，会让人们知道自己是谁、从哪里来。不论你身处世界何地，只要据此便可找到家乡，认祖归宗。如果遗失了宁波文化，即使站在这片土地上，也很难再是宁波人。令人忧心的是，在现代化城市化的急切步伐下，本土历史文化面临诸多存亡考验。公路毁了，可以修复；房屋塌了，可以重建；文化遗产一旦"消失"，如同绝迹的物种，没了，就永远没了。现代人精神家园的迷失和情感归属的危机，成为一种流行国际的精神疾病，正是文化除根后流离失所的后遗症。

今天的宁波缺什么？不少人感叹缺文化，我看来，表述不很准确。宁波并不缺少文化，缺的恐怕是对丰厚文化的记忆和传承。"文之无书，行之不远"，作为文化工作者，作为宁波人，我们深恐随着时间的推移，宝贵的精神财富因文字的阙如而流失，随着记忆的衰退而归零。把文化摆在什么位置，不仅仅取决于政府，更取决于每一个厕身其间的市民的态度。文化是城市之魂，是我们这座城市安身立命的基座。唤醒城市记忆的味道和画面，保护并标出宁波的文化风景线,绘制文化地图延续文脉,亟须一套权威、全面、通俗的文化读物。本丛书的出版和传播,即是努力之一。

(四)

本丛书的编纂,虽非规模浩大的文化工程,却颇费周折,几起几落,幸得宁波文化事业基金委员会慧眼识珠,忝列扶持项目,又得宁波市委副书记余红艺及市委宣传部等部门的鼎力支持,宁波出版社调集精干,组织本地学界文化精英,殚精竭虑,撰写这套丛书。

自2012年始,编纂委员会成立并确定了丛书的编纂大纲,专家们从宁波地理文化和历史文化的坐标中,尽可能筛选出具有鲜明特色和传承价值的内容作为首批选题。第一辑八种,选题侧重反映对宁波发展最具影响力、最具代表性的八个方面地方特色文化。计划此后逐年推出各类文化系列,集腋成裘,奉献出宁波文化的"满汉全席"。

丛书着力点不在学术钻研和考证,而在文化的普及和传播,定位在文化"小吃",充其量是宁波文化史的通俗版、系列专题篇,绝非贯通一气的皇皇巨著。丛书力求编排图文并茂,文字通俗易懂,集知识性与文学性、学术性与普及性于一体,雅俗共赏,老少皆宜,为大众提供一张文化寻根的导游图,以及一杯安顿旅者心境的下午茶。于闹市中拾取一份宁静,于纷繁中理出一片安详,于浮尘中闻到一缕书香,于物欲中寻得精神的家园。

2014年夏写于水岸居

(本文作者为宁波日报报业集团党委书记、董事长)

目 录

● 总　序　唤醒宁波的文化之魂　001

● 童年宁波　宁波史前文明综述　001

● 东方曙光　049

〔一〕沧海桑田话环境变迁　051

〔二〕建筑史上的奇迹　061

〔三〕稻作农业的里程碑　075

〔四〕驯养狗猪为家畜　087

〔五〕采集和渔猎　095

〔六〕「饭稻羹鱼」　109

〔七〕喝水不忘挖井人　121

〔八〕海洋文化的开拓者　129

【九】从搓绳编织到纺纱织布　137

【十】「天工开物」　149

【十一】爱美之心人皆有之　163

【十二】太阳神的故乡　179

【十三】河姆渡文化来源与去向　189

【十四】融入良渚文化大家庭　201

【十五】百越民族的祖先　213

参考文献　224

童◇年◇宁◇波

宁波史前文明综述

今天我们知道宁波的历史至少可以追溯到距今7000年前。这一认知归功于20世纪70年代初河姆渡文化的发现和研究,为考察宁波地区早期史前社会提供了宝贵资料。

翻开中国地图,宁波位于我国大陆海岸线中段,濒临东海。东有舟山群岛为天然屏障,北濒杭州湾,与上海隔湾相望,西接绍兴,南临三门湾,与台州相连,是中国东南沿海重要的港口城市和长江三角洲南翼经济中心。

宁波总面积9365平方公里,东西最大横距175公里,南北最大纵距192公里。地势西南高、东北低,西边有天台山余脉和天台山支脉四明山,山峦起伏,蜿蜒连绵,危崖壁立,森林茂密。天台山自西南入境,东北向逶迤于宁海、象山和奉化江、甬江的东部,入海为沿海岛屿。四明山又名句余山,自西北入余姚境,东北向逶迤于奉化江、甬江的西北部。据《四明山志》记载:"四明山周围八百里,二百八十峰,峰峰相次,中顶五峰,状如莲花,疑近星斗,山顶极平正,有方石如窗,中通日月星辰之光,故曰四明。"这就是四明山名称的来历。境内河流有发源于四明山的余姚江(简称姚江)和奉化江,两江在市区"三江口"汇合成甬江,向东北经招宝山流入东海。河流流经的沿海平原地区,水网密布,土地肥沃,物产丰富,历来是"鱼米之乡"。

宁波位于亚热带季风气候区,四季分明,气候温暖、雨量充沛。年平均气温16.2℃,月平均气温以七月份最高,为28.8℃,一月份最低,为4.2℃。全市无霜期一般230天至240天,作物生长期为300天,年平均降水量为1300至1400毫米,并以五至九月梅雨和台风季节降水最为集中,约占全年降水量的60%。

宁波历史悠久,文化发达,文物古迹众多,素称人文渊薮之邦,是国家级历史文化名城。全市现有文物点1535处,已公布文物保护单位533处,其中国家级22处,省级70处。这些文物古迹一般被分为史前文化系列、藏书文化系列、海外交通史系列、海防史迹系列、浙东学派史迹系列、古建筑与纪念建筑系列、越窑青瓷窑址系列、古水利系列、革命史迹系列、近代史迹系列等十大系列,是历史留给今天和未来宁波的宝贵财富。

"史前"一词是英国学者丹尼尔·威尔逊在1851年《苏格兰考古与史前学年鉴》中首先使用的。在汉语习惯上,"史前"是属性词,它后面要有一个主词才容易被人接受,如"史"、"时期"、"文化"、"考古学"等等。史前时期一般是指人类产生到文字出现这一段历史时期,是人类的童年时期,经历的时间最为漫长,包括了旧石器时代和新石器时代。因没有正式的文字记载,史前时期留给后人的仅有少量传说。这些传说不但数量少,而且大多只有片言只语,有些还是后人演绎,甚至是杜撰。对于这部没有文字记载的无字天书,我们需要借助考古工作者的手铲来一页一页揭开。世界各地人类发明文字的时间不同,所以史前时期并没有一个适用于各地的特定时间和统一标准。我国的史前时期大致从170万年前开始一直延续到公元前21世纪。但是我国幅员辽阔,各地的生产力发展水平和文明进化程度差异很大,不同地区的史前时期结束时间会有不小差别,晚的可能已经进入青铜时代。历史上,宁波离古代政治和文化重心的中原地区路途遥远,被古代中原人看作"蛮荒之地",浩如烟海的历史文献典籍所记录的又着重于黄河流域,与宁波有关的文字记载出现时间比较晚,所以这里的史前时期结束时间也较晚,估计要晚到中原地区的商周时期。但是考古发现表明,宁波在史前时期并不是"蛮荒之地",勤劳和智慧的宁波先民曾创造了以河姆渡文化为代表的光辉灿烂的史前文化。

(一)河姆渡文化

宁波地域考古肇始于20世纪30年代,其时建立了宁波地区第一个专门的官方文物机构——宁波古物陈列所,而真正现代意义上的考古要迟至新中国成立以后。20世纪五六十年代,宁波的考古工作以配合基本建设抢救清理古墓葬和调查窑址为主要内容,史前文化研究一直处于空白。这一情形到了20世纪70年代才有了重大突破。1973年夏天在宁波余姚河姆渡的一次偶然发现,揭开了宁波史前文化研究的序幕,把宁波史前文化一下子上溯到距今7000年前,震惊了整个考古界和历史学界;河姆渡作为长江流域远古文化的发源地代表,被写入了中小学历史教科书。宁波史前文化从此也有了一个响亮名字——"河姆渡文化"。

与国内外的许多重大发现一样,河姆渡遗址也是在十分偶然的情况下被发现的。河姆渡原属宁波地区余姚县罗江公社,这里乡间有"破江中,烂罗江"的说法,十分形象地描绘出河姆渡所在的罗江地势低洼、长年积水、洪涝灾害频发的状况,尤其是到了春夏之交的梅雨季节和夏秋时的台风季节,洪涝灾害更为频繁,因此各级领导对于关系到农业收成的水利设施十分重视。1973年6月,公社领导为了提高排涝能力,决定把原位于遗址西侧紧靠姚江边的旧排涝站加以扩建,需要挖地基深达3米以上,这就为河姆渡遗址的发现提供了机会。当挖到3米左右时,无意间碰到了遗址文化层,民工不知道什么是文化层,哪些是文物,照挖不误,把许多陶片、骨器、动物骨骼以及少量石器等连同泥土一起翻了上来。就在这个关键时刻,担任罗江公社革委会副主任的罗春华到工地检查工程进展。挖土的农民向他反映泥土中混有许多石头、瓦片,还有骨头和木头,很难挖。罗春华一看,感到这是重要的古代遗物,马上叫队长把流散到农民手里的器物集中保管起来,并立即打电话报告县文化馆,请他们速来处理。县文化馆接到报告后,当即派许金耀等人到工地察看。许金耀认为这是一处含量非常丰富、年代相当古老

的文化遗址，随即把情况报告给文化馆领导，请求转报省文管会，同时又向区、公社领导汇报，要求暂停施工，保护现场。最后经县革委会批准，暂缓三天施工。同时省文管会派正在附近保国寺工作的王士伦先生顺便到工地看一下。王先生来到工地，就被丰富的文物惊呆了，他认为这是浙江省境内未曾见过的新石器时代遗址，当即携带部分器物返回杭州向领导汇报。第四天，省博物馆汪济英先生带领几名工作人员奔赴河姆渡进行抢救性发掘，一个举世瞩目的遗址就这样在非常偶然的情况下被发现了。

今天我们要感谢罗春华，因为他的警觉与重视才让我们得以认识这震惊世界的重大考古发现。历史上，河姆渡遗址曾有过多次被发现的机遇。特别是20世纪60年代，一条宽3米、深2米、长80米的水渠贯穿了遗址中心部位，由于那时的人们对宁波的原始文化一无所知，文化部门不易及时得到有关信息，所以，埋藏在这个遗址中的文化遗物，特别是那些加工精细的木构件等，挖出来以后被作为薪柴烧火煮饭了，而没有意识到它的重要文物价值。罗春华是位土生土长的农村干部，长期从事农村工作，1959年他曾在浙江农业大学短期进修，学习过地质知识。1962年，浙江农业大学部分师生到罗江进行土壤调查，农大的老师告诉他，很久以前这里曾经是海，罗江一带成为陆地的时间还不长，因此当他看到地底下挖出这么多东西，联想起农民在开沟挖土时常常挖出木桩、木材，还以为是挖到了一条沉没的大海船，所以格外重视，没想到竟是这么一个重要的新石器时代遗址。

抢救性发掘在排涝站施工的地方以及东北和南部先后挖了3个探方，分了两个文化层。在古文化遗址的发掘中，分清文化层是十分重要的，也是最困难、最基本的工作。如果把不同文化层的遗迹和遗物混在一起，等于把不同时代的文物混为一谈，无法对遗址的历史进行考察，失去了进一步研究的科学基础。"文化层"一词是考古学借用了地质学中的地层概念发展而来，是考古工作中常用的术语。它和地质学里的地层概念不同，最大的区别是形成过程是否有人类活动参与。地质学上的"地层"是凭借自然的力量形成的，如流水的搬运、风沙夹带泥沙的沉积等等。考古学上的文化层，则是指经过人类活动所形成的地层。如人工挖掘、翻耕、回填或用其他方法加工过的土，还有人们在日常生活中抛弃的垃圾、建筑物倒塌物和其他废弃物等等。一处古文化遗址有两个以上的文化层，它们之间互相叠压，而又未经外力作用过，那么晚期的文化层肯定叠压在早期文化层之上，这是考古学上一个最基本的原则。根据这一原则，就能判断哪一文化层早，哪一文化层晚的相对年代。河姆渡遗址试掘时，分为上下两个文化层，上文化层出土陶片是红色的，下文化层出土的陶片是黑色的，这与当时省内杭嘉湖地区发现的陶片往往红色的时代早、黑色的时代晚完全相反，而且出土了大量前所未见的新东西,有进行正式发掘的必要。于是1973年下半年决定进行第一次科学的考古发掘。

第一次发掘选址于原渡头村北的晒谷场,从1973年11月4日开始至1974年1月10日结束,共布探沟6条和探方28个,面积800平方米,除靠近姚江的几个探方因被姚江冲刷而无文化层堆积外,实际发掘面积630平方米。这次发掘把试掘时的上下两个文化层进一步细分为四个文化层,发现了干栏式建筑和水井等遗迹,出土了具有地域特色的夹炭黑陶器皿、骨耜等完整器物1600多件,大量的动植物遗存,特别是发现的大量栽培稻谷和以一排排桩木为基础的干栏式建筑为同时期其他遗址所不见。所有这些重大发现,立即在国内外引起了巨大轰动,得到学术界的高度关注。

1974年,省里的专家对这批新东西心里没底,于是派人带了部分文物去北京,结果北京的专家看了以后,对它的看法也存在较多的争议。1976年4月,在杭州召开了"河姆渡遗址第一期(次)考古发掘座谈会",与会专家学者一致同意把河姆渡遗址第三、第四层命名为"河姆渡文化",第二文化层相当于马家浜文化,第一文化层相当于崧泽文化,并得到全国考古界的认同。这次发掘成果《河姆渡遗址第一期发掘报告》发表在1978年第1期《考古学报》上。

河姆渡遗址第一次发掘取得了丰硕成果,对遗址的文化内涵有了初步认识。然而,由于发掘面积较小,也留下了不少疑问,对不少遗物、遗迹现象的解释尚缺乏材料。所以,在"河姆渡遗址第一期(次)考古发掘座谈会"上,来自全国的专家学者都希望进行大规模发掘,以弄清楚河姆渡遗址全貌。当时省革委会专门下发了浙革(77)27号文件通知,要求"今后若干年内,要逐步弄清河姆渡遗址的文化面貌"。据此,省文物考古部门开始了河姆渡遗址第二次发掘的相关筹备工作。

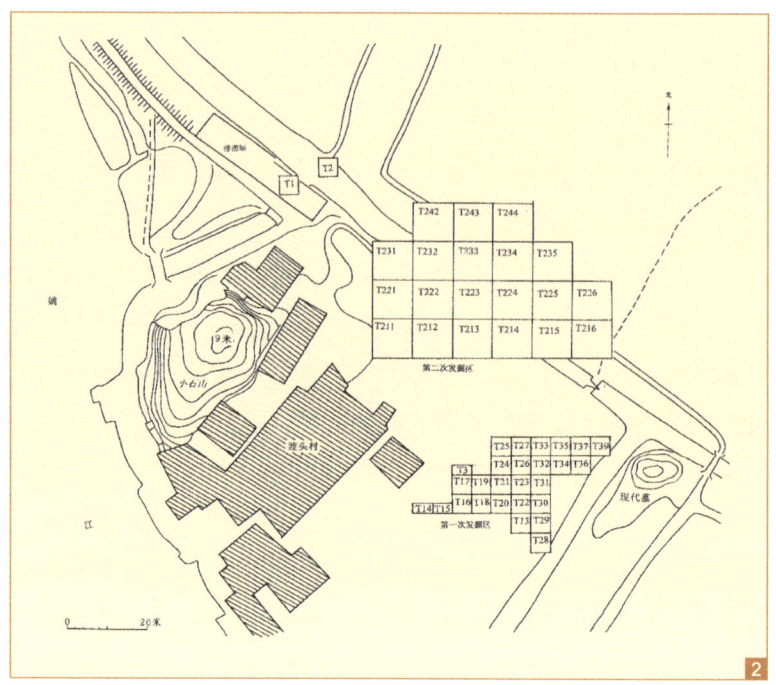

1977年10月8日至1978年1月28日，在第一次发掘区以北20米的稻田里进行第二次发掘，面积2000平方米。此次发掘验证了第一次发掘划分的地层是正确的，并把第二、第三文化层细分成A、B、C三小层，第四文化层又细分出A、B两小层，共出土木、石、骨、陶质等各类完整器物4700多件，发现零星墓葬27座，灰坑28个，发现大片木结构干栏式建筑遗迹，初步搞清了房屋建筑由早期的打桩立柱的干栏式建筑到晚期的栽桩式地面建筑的一些现象，继续发现大面积的稻谷堆积层，大量的动植物遗存，以及芦苇编织物和绳索等，共出土陶片20多万片，其中编号陶片5万余件，许多木桩在登记绘图后被掩埋保存。这次发掘中，宁波成立了河姆渡遗址发掘领导小组，参加考古发掘人员除了省文管会、省博物馆、自然博物馆的专业人员外，还从其他地区和县借调了一批业务骨干，并主办了"浙江省第一届亦工亦农考古培训班"，通过三个多月学习培训，学员们回到当地后都成了文物工作的业务骨干。我国著名考古学家苏秉琦先生、北京大学教授严文明先生亲临现场指导，古建筑专家杨鸿勋

图② 河姆渡遗址两次发掘探方分布图

先生、南京大学地质系刘泽纯先生到现场分析木结构房屋遗迹和地质情况。

河姆渡遗址第二次发掘出土的丰富资料，为重新认知河姆渡文化面貌及四个文化层之间的内在联系提供了又一批新鲜资料，证明了河姆渡遗址四个文化层是存在紧密联系的四期文化，它们同属于河姆渡文化。其主要成果《浙江河姆渡遗址第二期（次）发掘的主要收获》发表在1980年第5期《文物》杂志上。

在考古学上，"文化"一词和"文化层"一样，也有其特定意义。在现代，"文化"一词的含义很广，泛指上层建筑及精神生活领域的各个方面，一般是指人类社会在科学、技术、艺术、教育、精神生活以及其他方面所达到的总成就。考古学上的"文化"有着自己独特的含义，是指物质文化，如人类创造的各种生产工具、生活用具、艺术品、装饰品等等。它的命名需要具备三个基本条件：属于同一时代、分布于共同地区、具有共同特征的一群遗存。例如在考古工作中，发现某几种特定类型的器物，经常在一定地区的某一类型的居址或墓葬中共同出土，这样一群有着特定组合关系的遗存，就可以称为一种"文化"。文化的名称大多以首次发现的典型遗址所在的小地名命名。如欧洲的莫斯特文化、梭鲁特文化、马格德林文化，以及中国的周口店文化、丁村文化、小南海文化、仰韶文化、大汶口文化等。河姆渡文化也是以该文化的首次发现地——河姆渡命名的。

河姆渡是姚江上的一个古老渡口。渡口北岸凉亭内至今依然保存着清乾隆五十一年（1786）的"黄墓渡茶亭碑"，说明清末以前河姆渡叫作"黄墓渡"。关于黄墓渡来历有一个传说。据《史记·留侯世家》记载，秦汉之际夏里地方有一位姓崔名广字少通的学者，与东园公、甪（lù）里先生、绮里季三位名士隐居于商山，四人皆年逾八旬，鹤发童颜，故而声名远播，史称"商山四皓"。后来四人被吕后"卑辞厚礼"，用计谋迎入宫中辅佐太子刘

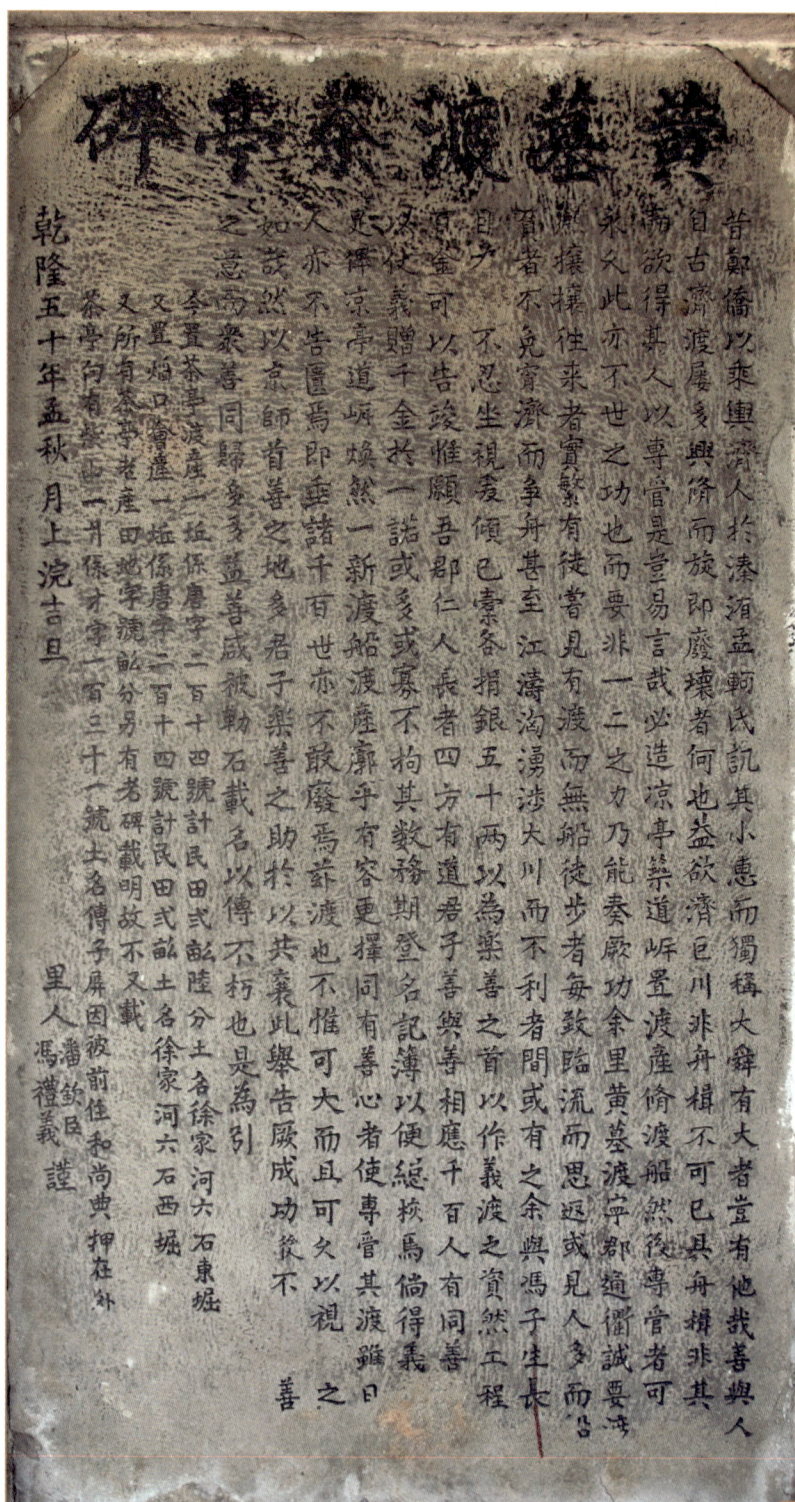

图③ 黄墓渡茶亭碑

盈,在宫廷夺嫡斗争中获胜,使太子在高祖刘邦死后成为汉朝第二代皇帝。不久崔广因不满吕后擅权,改名黄公,躲避于甬东,相传就隐居在河姆渡附近山里,老死终身。黄公的埋葬处清初史学家黄宗羲《四明山志》有考,"黄墓山,其山带江,有覆船之号,有大里黄公墓"。此山就是渡口南岸的渡头山,当地俗称元宝山,附近的乡民可能认为覆船这一名称难听,尤其是以水上打渔、运输为生的更是忌讳,所以取同音字"福泉"。至今渡口南岸芝林溪汇入姚江的江口处一座单孔石拱桥,依然大书"福泉桥"三字。研究民族学的学者认为:黄墓渡被叫作河姆渡是乡音的俗讹,比较可信。据康熙年间编修的《芦山寺志》记载:"黄墓渡,俗讹河姆。"看来至迟在清朝初年,已经在周围农村中叫作"河姆渡"了。黄墓渡是读书人的称谓和书面写法,河姆渡是不识字的山民村夫的叫法。渡口南岸还有一个叫"河姆"的村庄,足证上述说法可信。

河姆渡遗址两次考古发掘,基本上搞清了河姆渡文化的面貌和分期,但独木难成林,对于一种考古学文化来说,仅有河姆渡一处孤零零的遗址显然是不够的,还缺少最重要的分布范围。为此,在1979年至1980年,省文物部门开始以姚江两岸为中心,着手对河姆渡文化分布范围进行考古调查。经过考古工作者的辛勤工作,共发现河姆渡文化遗址30多处,大致摸清了河姆渡文化的分布范围。

自1980年以后的十来年时间里,河姆渡文化的考古发掘暂时告一段落,转入以考古资料整理、消化、吸收为主的深入研究阶段,各学科专家在各种专业报刊上纷纷发表研究文章,进一步宣传和扩大了河姆渡文化在国内外的影响。内容包括河姆渡遗址年代测定、出土稻谷和动物植物种类的鉴定、古环境与古气候、水上交通、原始艺术和音乐、农具、家畜饲养、房屋建筑及其技术、水井鉴定、河姆渡文化内涵、木质文物保护、与古越族的关系以及对日本影响等各个方面。2003年8月,凝聚综合多年来河姆渡文化研究成果的《河姆渡——新石器时代遗址考古发掘报告》由文物出版社公开出版发行。

河姆渡遗址的发现和河姆渡文化的确立,是20世纪70年代中国新石器时代研究史上的突破性成果之一,是中国史前考古学研究的里程碑。但是,河姆渡遗址本身所呈现的"河姆渡文化"内涵并不太完整;二、三期之间存在明显的文化缺环;分布范围不太明确;聚落布局形态不够清楚,尚未发现一处村落居址与墓葬等聚落要素共存的遗址;干栏式木构建筑的结构、单元、技术的阶段性特征还存在不少疑问;河姆渡文化的来源和去向不明;对河姆渡文化的社会形态探讨更是缺乏。基于上述原因,从20世纪80年代初开始,省文物考古研究所成立了"河姆渡文化课题组",继续开展河姆渡文化深化研究。经过三十多年的考古发掘研究,考古工作者基本上弄清了河姆渡文化的分布范围,完善了河姆渡文化内涵,填补了河姆渡文化发展缺环,并寻找到了河姆渡文化的后续文化。此阶段研究成果,主要体现在宁波地域内一系列史前遗址的试掘和发掘。

慈湖遗址位于宁波市江北区慈城镇西北角,西南距河姆渡遗址约8公里,现存面积约2000平方米。1986年和1988年两次发掘,面积约300平方米,出土石、骨、木、陶等各类文物数百件及少量酸枣等植物遗存。特别是很多木质生产工具和生活器具的发现,丰富了河姆渡文化的内容。文化堆积厚2.1米,分上、下两层,下层具有河姆渡文化晚期特征;上层具有良渚文化特征外,又有自身特色,应是宁波地区河姆渡文化向良渚文化发展阶段上的一种新的文化内涵,这种新的文化内涵不仅填补了河姆渡文化发展脉络上的缺环,同时也首次在宁绍平原确立了良渚文化地层的存在。

名山后遗址位于奉化南浦乡名山后村,总面积约2万平方

米。1989年和1991年两次发掘,面积约360平方米。文化堆积厚2.7米,分为12层,8层下相当于河姆渡文化第三期,2至7层属于良渚文化时期,7层下发现用棕黄色砂土和黄色黏土分层夯筑而成的土台。名山后遗址的发掘为研究河姆渡文化的后续发展提供了重要材料,是河姆渡文化与良渚文化之间地层叠压关系最清楚的一个遗址。

塔山遗址位于象山丹城镇东郊的塔山南麓,总面积约1万平方米。1990年和1992年发掘,面积545平方米,2007年以后又进行了多次发掘。文化堆积厚2.8米,分为9层,其中新石器

图⑥ 塔山遗址
图⑦ 小东门遗址
图⑧ 蚕架山遗址

时代分为上、中、下三层。下层与河姆渡文化第三期基本一致，并首次发现了河姆渡文化氏族公共墓地；中层相当于河姆渡文化第四期；上层出土了盆形鼎、双鼻壶、竹节把豆等良渚文化典型器。④B、④A、③层及H2、H23等遗迹单位属于商周时代遗存。塔山遗址出土的墓葬为研究河姆渡文化晚期的社会结构和埋葬习俗提供了丰富的资料。

小东门遗址位于宁波慈城镇小东门外汤山东南麓，西南距河姆渡遗址8公里，现存面积400平方米。1992年发掘，面积200平方米。文化堆积厚1.8米~3.0米，分为9个文化层，其中⑤层下墓葬以及第⑥~⑧层属于第一期文化，相当于河姆渡文化第三期；第④、⑤层属于第二期文化，相当于良渚文化；第③层及开口于③层下的柱洞遗迹为第三期文化，相当于良渚晚期的马桥文化；第②层为第四期文化，出土器物早晚跨度甚大，既有相当于马桥④层的某些风格器物，又有春秋早期遗风，因此第四期遗存应为人类活动对早期地层扰乱破坏。这次发掘为深入研究河姆渡文化、良渚文化和商周文化提供了实物资料。

鲞架山遗址位于余姚河姆渡镇芦山寺村鲞架山东南麓，西南距河姆渡遗址仅1公里，总面积约2万平方米。1994年发掘，面积550平方米。发掘分A、B两区，文化堆积厚2米，新石器时代堆积分为三期：4层为一期，相当于河姆渡文化第三、二期之间；A区的5座瓮棺葬属于二期，相当于河姆渡文化第四期偏早阶段；B区3层、2层下开口的灰坑属于三期，相当于河姆渡文化第四期偏晚。第四期仅包括北区2层和H3、H14，出土遗物以印纹硬陶和原始瓷器为主，年代相当于春秋晚期到战国初。发现的红烧土祭台反映了河姆渡先民的精神生活。鲞架山遗址的发掘填补了河姆渡文化第三、二期之间的时间及文化内涵缺环，使河姆渡文化的发展序列更加完善。

鲻山遗址位于余姚丈亭汇头村鲻山东南麓，东南距河姆渡

遗址10多公里，遗址总面积约5万平方米。1996年发掘306平方米。文化堆积厚3米，分为10层，涵盖河姆渡文化、良渚文化和商周印纹陶文化。2层下局部存在商周堆积，并发现2座良渚文化墓葬，3至10层均为河姆渡文化堆积，分为四期：第10、9层约相当于河姆渡文化第一期晚期；第8层约相当于河姆渡文化第二期早期；第7、6层约相当于河姆渡文化第二期晚期；第5、4、3层约相当于河姆渡文化第三期。出土各类石器、骨（角、牙）器、木器、陶器近千件，另有木构建筑遗迹和稻谷、龟甲等动植物遗存。遗址出土的一批燧石制作的细小石器丰富了河姆渡

图⑨ 鲻山遗址
图⑩ 傅家岙遗址
图⑪ 童家岙遗址

11

文化的内涵。这次发掘为研究河姆渡文化的干栏式建筑和聚落形态提供了新资料。

傅家山遗址位于宁波慈城镇八字桥村傅家山，西南距河姆渡遗址10多公里，面积约2000平方米。2004年上半年因杭州湾大桥南连接线工程而实施抢救性发掘，面积725平方米。地层堆积共分8层，第7层和第8层为河姆渡文化时期的堆积，发现河姆渡文化早期干栏式建筑和灰坑等遗迹。出土完整或可复原器物570余件，包括玉器、石器、骨器、陶器和木器等，可分为生产工具、生活用具和雕刻艺术品三大类。另有一定数量的植物果实、种籽和动物骨骼等。傅家山遗址是一处渔猎、采集和耜耕农业等多种经济形态并存的新石器时代村落遗址，也是继河姆渡遗址之后在姚江流域发现的又一处重要的河姆渡文化早期遗址。

童家岙遗址位于慈溪市横河镇童岙村北部、大埠头自然村东北部的田畈中，东南距河姆渡遗址20多公里，总面积超过2万平方米。1979年和2009年对遗址进行了钻探、试掘，发现道路和干栏式建筑的挖坑埋柱遗迹等，堆积由早及晚为连续发展的四个时期：T1④、⑤层，T2⑨层和T3⑧层为第一期；T2⑧层和T3⑥、⑦层为第二期；T1②A、②B、③层为第三期；T2⑥、

图⑫ 田螺山遗址

⑦层和T3④层为第四期,分别对应于河姆渡文化的四期。

田螺山遗址位于余姚三七市镇相岙村,西南距河姆渡遗址约7公里,总面积3万多平方米,文化堆积最厚处超过3米,叠压6个文化层。从2004年开始至今进行了多年连续发掘,分别发掘了1200多平方米居住区和1000多平方米古稻作农耕区,发现多层次干栏式建筑及墓葬、食物储藏坑、道路、独木桥、木寨墙及古稻作农耕等遗迹,出土陶、石(玉)、骨(角、牙)、木等遗物5000多件,还有大量动物骨骸、谷壳、炭化米粒、菱角、橡子、葫芦等遗存。田螺山遗址是迄今发现的河姆渡文化遗址中地面环境最好、地下遗存保存较为完整的古村落遗址。

田螺山遗址以精工细作的考古发掘和多学科参与研究为特色,标志着河姆渡文化研究进入了新阶段。考古发掘时每一文化层分上中下三次,每次都从探方的7个不同部位取土样,供定量分析。并对居住区内的全部文化层泥土进行浮洗和淘洗,事后人工分类挑选,以最大限度收集出土遗物,发现许多前所未见的细小器物。田螺山遗址考古发掘另一个特色是多学科参与研究,来自美国、英国、法国、澳大利亚、韩国、日本等多个国家的几十位专家学者,利用各种先进的自然科学技术和方法,参与到考古学研究之中,极大地拓展了考古研究的深度和广度。如利用一年生芦苇、橡子等的碳 14 年代测定，植物种子鉴定，哺乳动物种类鉴定，硅藻、花粉和寄生虫卵分析，鱼骨坑咽齿骨分析，人与动物骨骼碳氮同位素组成测定，以及土壤粒度、磁化率、黏土矿物组成，微量元素硼含量与古盐度、植硅石含量变化等，以探讨河姆渡文化环境背景，研究成果已汇编成《田螺山遗址自然遗存综合研究》出版。此外，还有石器成分及石料来源研究、石质和木质以及陶质文物表面残留物鉴定分析、骨耜的实验考古研究、文化层土壤及木器保护等等。

河姆渡文化发现至今已有四十年，基本上搞清了河姆渡文化的文化内涵、分布范围和年代分期等问题，同时也为我们复原河姆渡先民生产、生活提供了丰富资料。

7000 年前的河姆渡先民早已告别茹毛饮血的野蛮时代，过着稳定的定居生活。村落选择在连绵起伏的四明山或慈南山地前缘的孤山小丘旁，规模比较小，都不到 5 万平方米。村落外围修建了木寨墙，木寨墙由 2 至 3 排紧密排列的桩木构成，以标识村落的范围和防御野兽蛇虫等危害。木寨墙上开若干个门，并用木头或竹子做成寨门，村外河道上修建独木桥，道路以桩木加固路基，有的甚至在桩木内加苇编或芦苇秆加固，路面铺设红烧土颗粒或小树枝、碎陶片等。村内的房屋背山面水布置，最早的房屋是打桩立柱的干栏式建筑，以打入泥土的成排桩木为基础，其上架设大梁（龙骨）承托地板，构成架空的建筑基座，其上再立柱架梁，人们用独木梯上下。房屋结构为带前廊的长屋，长 23 米以上，进深 7 米，还有 1.3 米宽的前廊，可供多人共同居住。干栏式建筑适应本地潮湿多雨的自然地理环境，也可防止野兽的侵袭，现今在东南亚和我国的云南等地的少数民族地区依然存在，可见其影响深远。建造房屋除了用捆扎方法外，在一些垂直相交的节点已经使用榫卯结构连接。榫卯类型有柱头柱脚榫、梁头榫、带销钉孔榫、带卯眼榫、燕尾榫、平身柱卯眼、转角柱卯眼、直棂栏杆卯眼、企口板、刻花木构件等,这些木构件加工方正,符合力学原理,把我国加工和使用榫卯结构的历史提前了3000多年,是中国传统榫卯木构建筑技术的重要源头。中期的房屋已经演变为挖坑栽柱方式,用骨耜等工具先挖出大致长方形柱坑,然后直接立圆形或方形的木柱,后来发展成为柱坑底部先垫板,其上再立柱,底部垫板是防止木柱承重后不断下沉,这是最初的柱础形式。晚期的房屋除了干栏式建筑外,还出现了栽柱式地面建筑。柱础用红烧土、黏土、碎陶片层层填实加固,如同倒置的"钢盔",有的干脆用石块作为柱础。此时的墙体用芦苇等为筋骨,内外抹泥,室内开始用土墙分隔,居住面经火烤处理,形成厚1~2厘米的烧结层,也有铺设碎陶片的。室内地面上有的挖烧火煮饭的灶坑。

  原始人类聚族而居,死后也要聚族而葬。河姆渡文化早期未发现公共氏族墓地,仅发现2件陶釜和陶罐内盛有婴儿遗骸和鱼骨共存现象,有人怀疑是人吃人。稍后发现零星分布于房屋周围的墓葬,皆不见墓坑和葬具,大多无随葬品,流行侧身屈肢单人葬,人骨保存良好,头骨或肢骨多不完整,以婴幼儿等未成年人居多,推测是埋葬非正常死亡者的一种特殊葬法。晚期依然有零星埋葬于房屋周围的非正常死亡者墓发现,皆不见葬具,不见或较少随葬品,人骨保存较差,仰身直肢,多头骨或肢骨不全,一般挖长方形竖穴土坑。塔山遗址发现集中埋葬的氏族墓地,50多座墓葬大部分为长方形竖穴土坑墓,分仰身直肢一次葬和二次葬两种,二次葬骨骼一般基本按原状摆正(仰身直肢),也有散乱一堆的,随葬品主要是陶器和少量的装饰品玉玦。鲞架山遗址发现集中埋于圆形红烧土台周围的"瓮棺葬",红烧土台上及瓮棺葬周围均有炭屑和烧过的白色碎骨屑。

  河姆渡先民主食是稻米。河姆渡遗址两次发掘都发现大量稻谷堆积,其数量之多,分布面积之大,为其他遗址所罕见。稻谷刚出土时颜色鲜黄，保存犹新，外形完好，甚至颖壳上的隆脉和稃毛也清晰可辨。按其长宽比的平均数值及颖壳上稃毛分布状况等外形特征判断，是栽培的籼亚种中晚稻型水稻（*Oryza Sativa L. subsp hsien Ting*）。进一步测量鉴定以籼稻为主，其次是粳稻，还有一些处于籼粳之间的过渡类型，粒型变异幅度较大，是一个亚洲栽培稻属的杂合群体。另外用电镜扫描技术在其中还分辨出普通野生稻谷粒，表明河姆渡先民种植水稻的同时，也采集野生稻。近年在田螺山遗址发掘中也发现了类似谷壳、稻秆、稻叶等的堆积层，出土不少完整的稻谷颗粒，并收集到大量炭化的黑色米粒，其他遗址只有米粒而未见带壳的谷粒，可见种植水稻是河姆渡先民十分普遍的现象。河姆渡文化除了大量稻谷和米粒实物外，还有一套从耕种到脱壳的工具。骨耜是河姆渡文化最具特色的生产工具，仅河姆渡遗址就出土170多件，田螺山、童家岙和鲻山等遗址也有不少出土。骨耜是用鹿、水牛等动物的肩胛骨制成，基本保留了肩胛骨的自然形状，复原后的骨耜像今日的铁铲，适合于铲或掘。考古工作者利用现代牛肩胛骨仿制"骨耜"进行实验，结果表明，"骨耜"完全能够胜任铲除芦苇杂草、开沟、挖坑或翻耕农田等工作，是先民的重要农业生产工具。后来木耜取代骨耜成为主要耕作农具。木耜是仿照骨耜制作，安柄方法也相同，用途一致。先民种植水稻利用的是低洼平坦的湖沼滩涂，没有像现在方正的水稻田和配套的水沟、蓄水井等水利设施，为了方便行走，在稻田中用树枝等铺成道路和修建了田埂。从河姆渡遗址和田螺山遗址钻探调查结果看，每个村落水稻田面积大约有100亩。骨镰一般认为是收割稻穗的工具，这多少有点以今论古之嫌，在一些少数民族地区骨镰可能是原始的揉革工具，先民收割稻谷可能用的是石刀或是用野猪獠牙制作的骨刀。木杵、木磨盘、木磨棒是稻谷脱壳工具。

河姆渡先民的种植业除了水稻以外,可能还有葫芦和茶。考古发掘中经常发现保存完好的葫芦和葫芦籽,刚出土时颜色鲜艳,可能是人工种植的。特别引人注目的是,田螺山遗址发现了两个先民挖掘的浅坑,都发现了丛生植物根须,经鉴定是山茶属。这些根须浸泡以后水中含大量茶多酚,看来河姆渡先民可能早在六七千年前已经人工栽种茶树和饮茶了。

猪、狗是河姆渡先民驯养的家畜。家猪头骨的头颅较宽,吻部较短,与野猪区别明显。有一件陶塑小猪,腹部下垂,体态肥胖,四肢较短,前后躯比例1∶1造型特征与现代家猪形态相似,显示猪被驯养已有相当长的历史。狗头骨都比较完整,与先民对待其他动物完全有别,房屋附近发现很多狗粪,狗粪内含鱼骨等,说明人类与狗之间已经建立了比较亲密的关系,是狗作为家畜的直接证据。至于水牛,学名叫圣水牛,以前认为是人工饲养的家畜,重新鉴定以后认为家养的证据并不充分,是先民狩猎所得。

采集和渔猎是河姆渡先民重要的辅助经济。先民采集浅塘湖泊中的菱角、芡实、莲藕,以及周围山地森林中的橡子、桃、梅、南酸枣、野葡萄等野生果实来补充食物所需。房屋附近发现较多的用于贮存橡子、酸枣、芡实的圆形、长方形小坑,坑底常铺

图⑬ 挖坑种植的山茶属树根

垫苇席。先民虽然采集的植物种类比较多,但是主要和重点采集对象是橡子、菱角和芡实这三种,其他数量都很少。

各种动物骨骸多破碎散乱地分布在居住区周围,是先民敲骨吸髓后随便抛弃的,当然其中也包括制作骨器后留下的废片。河姆渡遗址出土的动物遗骸经过不完全统计、鉴定达61个种属,数量最多的是鹿类和水生的鱼龟鳖类,应是当时人们的主要渔猎对象。值得注意的是,河姆渡文化出土的猴头骨都比较破碎,并且有人工特意敲碎的痕迹,专家们推测与先民吸食猴脑有关。渔猎工具数量众多,有骨镞、骨哨、骨鱼镖、石球、石丸和木桨等,特别是各式各样的骨镞,居各种不同质料出土物之冠。在田螺山遗址,骨镞几乎占全部出土文物的一半左右,足以说明当时渔猎业的发达程度。

狩猎动物除了获取肉食和动物皮毛外,先民还充分利用动物的各种骨骸,经过一定的琢磨加工,制成各种器物,广泛用于农业生产、狩猎捕捞、纺织缝纫以及人体装饰和艺术之中,这是河姆渡文化最显著的特征之一。

河姆渡文化水井是迄今为止我国发现的最早的木构水井。水井的开挖,是人类认识、利用和改造自然的一大创举,对人类生活产生了不可估量的作用。井,提供清洁生活用水,日后还被用于灌溉和制陶等,减轻了对自然的依赖,为人类开发地表水资源缺乏地区创造了条件。

生产工具,早期的特点是石器少,骨(角、牙)器和木器数量多、种类丰富。石器仅斧、锛、凿、砺石等数种,石质坚硬,器形小,加工粗糙,仅刃部磨制精细,其余部位保留了加工时的打琢痕迹,主要用于砍伐树木、加工木构件和制作木器等。石斧、石锛捆绑木质或角质器柄后成为复合工具,极大地提高了劳动效率。砺石用石质较细的红砂岩制作,其上往往有很深的槽形磨痕,当为磨制骨木石器的磨具。晚期石器种类增加,器形有斧、锛、凿、刀、纺轮、磨球、砺石，少量制作粗糙的石镰，新出现穿孔石斧。石料较早期软，加工精细讲究，通体磨光，器形规整，仍以木作工具为主。砺石中器形稍大而磨面宽阔平缓者部分应是和石磨球配套使用的石磨盘。

骨器的种类和数量之多，是其他质料的器物远远不能比拟的，大量制作和使用骨角牙器是河姆渡文化的特色。生产工具种类有耜、镞、哨、锥、凿、匕、针、镖、器柄以及梭形器，广泛用于农业、纺织、狩猎、木作等生产的各个方面。

木质生产工具除了木耜外，还有两头或一端圆尖的点种棒、各种器柄、木锨、木剑、木锄、木槌、木杵、木箭镞和木桨，以及各种形状的可能是原始纺织机部件的卷布棍、机刀等，用途十分广泛。

陶质生产工具种类和数量较少，仅陶纺轮、陶弹丸、陶拍等数种。

生活用具主要是陶器。早期陶器以夹炭陶为主，它是在绢云母质黏土中掺进事先炭化植物枝茎、叶和谷壳制成。烧成温度低，在850℃左右，胎壁粗厚，质地疏松，重量轻，吸水性强，硬度低。手制成形，造型不规整，常见歪斜扭偏现象。外表盛行装饰，主要是绳纹和刻划花纹，少量堆塑动物纹和彩绘。多平底器、圜底器、圈足器，不见三足器。器形有釜、罐、盆、盘、钵、釜支架、器座（又名贮火尊）、器盖和极少量的盂、盉、豆。晚期夹炭陶数量明显减少，夹砂陶增加，并出现泥质陶。夹炭陶器表均经打磨沁浆处理并施红色陶衣。陶器的装饰减少，绳纹仍是其主要装饰纹样，多见于釜、鼎等炊器，还有刻划纹、附加堆纹和镂孔装饰。手制成型，出现了慢轮修整，器形规整。器类圜底器、平底器、三足器、圈足器齐全。器种增加，釜、鼎、豆、罐、盆、盘、钵、鬶、盉、雷钵、釜支架、器盖等都有发现。

骨角牙质生活用具种类少，只有骨匙等。木质生活用器有漆碗、盆、盘、瓶、勺等。

人体装饰品有玉（石）玦、玉（石）璜、石珠和牙饰、角饰、骨笄等。

另外，还有数量较多的鸟形器（蝶形器），质地有石、木、骨和象牙等，大小不一，制作精细，其中以象牙制作的鸟形器（蝶形器）最为精致，正面刻画繁杂纹饰，以鸟和太阳纹最常见，反映了河姆渡先民对鸟和太阳的崇拜。木质鸟形器（蝶形器）一般髹漆或漆绘花纹。木筒也是仅见于河姆渡文化的一种特殊器物，发现数量较多，形似中空竹筒，内壁都有一道隔档并塞木饼，有些木筒外壁髹黑漆、两端捆扎藤条，用途不明。还有数量不多的陶猪、陶羊等陶塑制品、陶玩及木陀螺。

河姆渡文化是长江流域最重要的新石器时代文化之一，碳14年代测定距今约7000~5300年。在河姆渡先民生活的1700多年时间里，先民生产和生活的各个方面都在不断发展变化。考古学上当一种文化发展成为显然不同的另一类型时，可称为同一文化的一个新阶段（或时期），如果发生了质的改变，则应视为另一种文化。河姆渡遗址是河姆渡文化典型遗址，四个文化层依次叠压，年代基本前后相继，各文化层的出土文物虽各有特色，但远没有达到发生质变的程度，许多文化因素始终贯穿着四个文化层，因此四个文化层分别代表的是河姆渡文化的四个不同发展阶段，而不是四种不同的文化。考古工作者综合了现有的河姆渡文化考古发掘成果，以河姆渡遗址四个文化层为基本框架将河姆渡文化分为四大期，每期又细分出早晚两个阶段，共四期八段。

河姆渡文化是主要分布于宁波地区的一种新石器时代文化。在7000至6000年前的河姆渡文化早期阶段，目前仅发现河姆渡、鲻山、田螺山、傅家山和童家岙等5处遗址，它们集中分布于姚江谷地这一南北相距10公里、东西宽20多公里的余（姚）

慈（城）平原近山脚处（如图14所示）。到距今6000年以后，遗址数量猛增到30多处，分布范围已经明显地扩大，河姆渡先民开始走出姚江谷地，向东进入三江平原，甚至渡海到达舟山群岛；向南进入鄞奉平原、象山半岛，最南至台州地区；向西跨过曹娥江，进入绍兴地区。而遗址分布最集中的依然是余（姚）慈（城）平原，尤其是四明山和慈南山地的近山麓地带，几乎是呈带状密集分布，并且原先那些不适宜人类生活的平原腹地由于自然环境改变，也出现了人类的活动痕迹（如图15所示）。

河姆渡文化的发现与确立，是中国新石器时代考古的重大突破，证明了长江流域和黄河流域一样都是中华民族远古文化的发祥地，改写了中国远古文明发展的历史，意义重大。

一、改写了中国远古文明发展的历史

中华民族是个十分重视历史的民族，历史典籍数量之多是世界上其他民族所无法想象的。二十四史所记录、展示的是以黄河流域为中心的改朝换代史。近现代的中外史学家根据这些历史文献研究得出的结论也只能落入黄河流域是中华民族摇篮的窠臼，其他地区则是未开化的蛮夷之地。

1973年河姆渡遗址被发现和发掘，发现的大面积水稻遗存和成片的带榫卯的木结构建筑遗迹，造型别致的象牙雕刻艺术品和精美的漆木器，以及夹炭陶质釜、罐、盆、盘、钵等组成的器物群，骨耜、骨镞、骨哨等为代表的骨器，文化面貌新颖独特，令人耳目一新，碳14年代测定距今7000年的悠久历史，一时震惊了当时的考古学界和历史学界，从而对我国古代文明起源于黄河流域的成说提出了挑战。从此学术界一致认为长江流域和黄河流域一样都是我国远古文明的发源地，河姆渡也和西安半坡一起，一南一北作为我国远古文明发源地之一而载入史册，进入中小学历史教科书。如今我国新的考古发现层出不穷，其中不乏年代早于河姆渡的，但这些新发现丝毫不能动摇"河姆渡"在

图⑭ 河姆渡文化早期遗址分布示意图

图⑮ 河姆渡文化晚期遗址分布示意图

我国远古文明发展史上的重要地位与贡献。因为以后的新发现仅仅在数量上增加了对这一看法的证据,并没有质的飞跃。所以,"河姆渡"自从发现后就注定了其永表史册的辉煌。

二、稻作起源研究的起点

稻米是人类最早栽培和驯化的粮食作物之一,也是世界上最重要的粮食作物。今日全球60多亿人口中大概有将近三分之一以稻米为主食。河姆渡文化栽培水稻的发现,丰富的稻作遗存和相关耕种、收割、加工系列工具的发现,说明河姆渡先民的稻作农业已经走过了一段相当漫长的初创时期。陈文华先生指出:"由于河姆渡遗址所发现的稻作文化遗存,在当时是世界上最古老、最丰富的,而稻作起源又是世界农业考古学上的重要课题之一,因此,河姆渡文化必然引起世界研究亚洲文明起源的学者的高度重视。十几年来,'河姆渡'几乎成了中国稻作文化的代称。尽管在今后还能发现比河姆渡遗址年代更早的稻作遗存,但河姆渡遗址仍然是座光辉夺目的里程碑,它的历史地位和科学价值是不可动摇的。"[1]陈先生的预言今日得到了印证。目前,年代上早于河姆渡文化的稻作遗存,浙江省内有浦江上山和嵊州小黄山,都有将近一万年历史;省外更多,如江西万年仙人洞、吊桶环洞穴遗址等都发现一万年以前的水稻植硅石,湖南道县玉蟾岩洞穴遗址还发现一万年以前的稻谷实物,从而将中国稻作农业的上限推进到一万年以前的新石器时代早期。上述一万年前的稻谷由于材料少、情况复杂,许多鉴定手段难以发挥作用。河姆渡文化稻谷虽然时间上要晚了几千年,但是稻谷实物的数量众多,而且有与其配套的耕作、收获、加工农具和炊煮、饮食器具,形成完整的证据链,国内外一致认为是人工栽培水稻,成为研究稻作农业起源的一个标尺。如果有稻谷遗存发

---

[1] 陈文华,《河姆渡文化初探》序,浙江人民出版社,1992年4月。

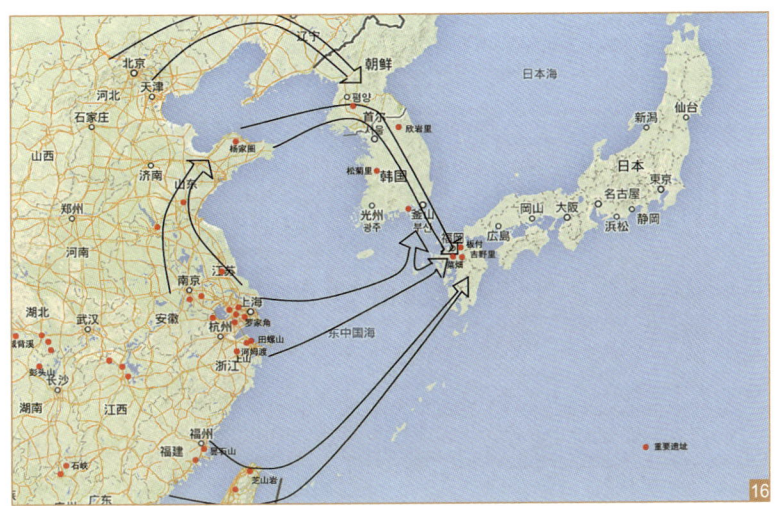

现,学者专家们都会不自觉地与河姆渡文化进行比较,以确定究竟是人工栽培的,还是野生的,所以河姆渡文化已经成了稻作农业研究的起点。

稻作农业的出现,是人类历史上具有划时代意义的大事。然而学术界对于稻作农业的起源地究竟在哪里可谓众说纷纭。世界上的栽培稻有两种,即亚洲栽培稻和非洲栽培稻。亚洲栽培稻起源于亚洲的热带和亚热带地区,由一种多年生的亚洲普通野生稻栽培、驯化而来,世界各地栽培的稻米大多是亚洲栽培稻,非洲栽培稻只见于西非西部的部分地区和中南美洲的一些地区,因此亚洲栽培水稻的起源地自然成为国内外农学家关注的重点。日本农学界曾有人提出我国水稻是从印度、日本传入的,相应地命名为印度型和日本型。尽管我国农学家早在20世纪60年代根据我国古代文献记载,提出了中国水稻本地起源的学说,但是由于缺乏实物资料支持而没有引起世人的重视。河姆渡栽培稻谷的发现,第一次以大量的实物证明了中国水稻本地起源的学说,所命名的"亚洲栽培水稻"的学名也得到举世公认,印度型和日本型两个亚种的学名也分别更名为籼型、粳型,从根本上推翻了稻作农业印度起源说,或者印度阿萨姆——中国云南地区起源说,并为稻作起源于长江下游或中下游说奠定了

图⑰ 吉野里弥生时代干栏式仓库复原

科学基础。

　　河姆渡文化发现以后,日本考古学界和农学界转而认为日本的稻作系渊源于中国大陆,这也是中国学术界公认的事实。日本著名考古学家樋口隆康教授归纳了传入日本的三条"稻米之路",分别是华北传入说、华中传入说和华南传入说(如图16所示)。其中的"华中"说,又称为"中路",指由长江口直接渡海东传到日本的九州,同时也传入朝鲜半岛南部;也有的说先到朝鲜半岛南部,再到九州。这条稻米之路由于以河姆渡为主的长江下游众多史前稻谷遗存和日本佐贺吉野里(吉野ヶ里)大型聚落遗址的发现,引起了中日两国学者的高度重视。

　　1983年9月,我国著名考古学家安志敏教授出席日本京都第31届亚洲、北非人文科学会议,以"关于河姆渡文化"为题,向各国学者介绍了河姆渡文化的重要发现,"以河姆渡及其后续者为代表的长江下游的新石器文化的若干因素,也可能影响到史前日本。如绳文时代的玉玦、漆器以及稻作的萌芽,弥生时代及其以后的干栏式建筑,都可从长江下游找到渊源关系。河姆渡遗址发现木桨和陶船模型,同时沿海的舟山群岛也有同类遗址的分布,至少证实当时具有一定的航海能力……特别是结合绳文时代的玉玦、漆器和稻作萌芽,似乎已与长江下游的新石器文化有所联系"。此说引起了日本考古学界对稻作农耕等可能是直接由海路输入日本的猜想,许多报纸甚至以日中交流可提早到公元前 5000 年为题进行了报道。

1989 年,安志敏教授在"日中友好佐贺讨论会"上,从稻作农耕、木农具、干栏式建筑、玦状耳饰(即玉、石玦)、漆器、木屐、鬲形陶器、印纹陶器、海流、交通等角度进行全面探讨。《日本吉野ケ里和中国江南文化》一文在介绍日本吉野里环壕聚落遗址之后,又分别从环壕聚落的根源、长脊短檐的干栏式建筑、稻作农耕、木质农具、木屐、金属器、坟丘墓、瓮棺葬等等,来阐明以吉野里为代表的弥生文化(约公元前 3 世纪至公元 3 世纪)与中国江南文化的渊源关系。

日本的鸟越宪三郎在《倭族之源——云南》一书中,则称日本人(倭族)的根在中国的云南,后来通过各条江河向外进行迁徙,而迁徙的干线就是长江。并以河姆渡出土的稻谷和干栏式房屋为据,主张倭人在 7000 年前便已迁徙到了长江下游的河姆渡,然后又从河姆渡北上山东,最后渡海去日本,成为史书上所称的倭人,把河姆渡先民认同为日本现代人的祖先。日本还专门成立了东亚文化交流史研究会,自 1989 年开始派出诸如著名学者樋口隆康、渡部忠世、福永光司、内藤大典、菅谷文则、白木原和美、金关恕等教授为主的学术调查团来我国长江下游进行科学调查,河姆渡更是他们考察的重点。并举办"日中友好佐贺研讨会",把中国和日本的古代文化交往研究引向深入,推向崭新的高潮。日本的各种民间团体也不断来河姆渡朝拜。这中间还发生了一件趣事。在 20 世纪 90 年代初,一位日本学者在半年里连续多次参观河姆渡遗址。那时外宾来华还有许多讲究,吃住行等都有公安局内保科人员陪同,国内人员不能单独进入外宾房间,见面必须在公共场所等。因此,当这位日本客人再次到河姆渡遗址博物馆参观时,马上引起了公安部门的高度警觉，马上打电话给博物馆，要求晚上值班人员提高警惕，最后只是一场虚惊。但由此足见河姆渡文化在当时日本人民心目中的崇高地位。

三、南岛语族文化研究的原点

"南岛语族"即"马来—波利尼西亚语系"，是民族学的一个概念，指现今居住于北起我国台湾、中经东南亚、南至西南太平洋三大群岛、东起复活节岛、西到马达加斯加等海岛上的、具有民族语言亲缘关系和文化内涵相似的土著民族文化体系。南岛语族主要包括马来人（一般包括台湾高山族）、密克罗尼西亚人、美拉尼西亚人、波利尼西亚人等几大族群，总人口达2亿多，是一个十分庞杂的民族文化体系。

南岛语族的起源课题在中外学术上都有很长的探索历史。早在20世纪初，两岸历史、考古学者主要是在中国民族史的学术框架内探讨台湾原住民及南岛语族的文化来源，都曾不同程度地联系中国东南大陆上的古百越文化。以澳大利亚彼德·贝鲁伍德为代表的学者把河姆渡视为覆盖整个南亚和南太平洋岛屿的文化现象的原点。现在已经有越来越多的语言学者认为，原南岛语系的一支最初应该分布在中国大陆东南沿海一带。

20世纪30年代，德国考古学家罗伯特·海尼·格尔顿就指出环太平洋区域分布的有段石锛是中国东南沿海经台湾先传到菲律宾，再传播到波利尼西亚的。林惠祥教授也注意到东南沿海有段石锛与东南亚以至太平洋地区新石器文化的关系，并指出有段石锛可能与制造独木舟有关，主张有段石锛先产生于中国大陆东南区的闽、粤、浙、赣和苏、皖一带，然后北向传于华北、东北，东南而传于台湾、菲律宾以至波利尼西亚诸岛。

河姆渡文化发现后，很多学者注意到有段石锛与河姆渡遗址发现的偏刃弧背石锛形态上的传承发展关系比较明显。浙江从河姆渡文化的石锛到良渚文化时期甚至更晚阶段，有段石锛形制演变发展的轨迹非常清晰,发展序列完整,所以学者们一致认为有段石锛起源于河姆渡文化。

河姆渡文化向外的传播有陆路和海路两条路径。其中海路传播必须借助于舟楫。木桨是河姆渡文化最常见的木质生产工具,迄今已发现20多件。尽管至今未见独木舟实物,但比河姆渡文化早一千年左右的萧山跨湖桥遗址已经发现独木舟。一般认为有桨必有船,那么河姆渡文化发现独木舟也只是时间问题了。其次,河姆渡文化出土大量的鱼类骨骼、蚌壳和菱角、芡实等水生动植物遗留物,显示河姆渡先民以水生动植物为重要的食物来源。尤其重要的是出土了鲸鱼、鲨鱼和金枪鱼等海生动物,以及鲻鱼和裸顶鲷等生活在滨海河口地带的海生鱼类遗留物,这些鱼类要在深水的滨海地带捕获,舟楫一类的海上交通工具是必要的条件。再者,距今6000年以前部分河姆渡先民已经越海移居舟山群岛的事实,表明河姆渡先民已经有原始的航海运输工具,并且掌握了在近海航行的技术应该是没有问题的。跨湖桥独木舟比较轻巧,适宜于内河湖泊航行。倘若独木舟的一边或两边绑扎木架,成为单架艇或双架艇,则抗御风浪的能力大大加强,现代南岛语系一些地区依然用此类边架艇航海就是证明。因此,许多专家指出河姆渡文化中有海洋文化因素,表明河姆渡先民是最早在海上航行和生活于沿海岛屿的居民之一,是形成南岛语族的重要源头之一。

四、河姆渡文化对中华文明的贡献

河姆渡先民是目前发现的最早发明使用榫卯技术建造干栏式建筑的人群。河姆渡先民的房屋都是背靠小山、面向湖沼,地势低洼潮湿,需要把居住面抬高,是一种居住面架空的"干栏式"建筑。它是河姆渡先民适应多雨潮湿的居住环境的创造发明,同时具有防御野兽侵袭功能。干栏式建筑自河姆渡先民发明以后一直流行于我国南方的少数民族地区及太平洋沿岸的岛屿上，可见其影响深远。与建筑遗迹同出的百余件榫卯木构件尤其引人注目，有柱头柱脚榫、梁头榫、带销钉孔榫、平身柱卯眼、转角柱卯眼、直棂栏杆卯眼、企口板等。这些榫卯木构件，制作相当精巧，各种梁、枋、柱上采用的榫卯大小，足以承受其受拉、受压之力，结构科学，堪称建筑史上的奇迹。尤其是截面长宽比例为4∶1的榫头，被后世称为"经验截面"。河姆渡文化众多榫卯木构件的发现，让古建筑专家惊呼，原来我国传统的榫卯木构技术早在7000年前的河姆渡先民已经使用得相当熟练了，把我国使用榫卯结构的历史提早了3000多年。

河姆渡文化遗址共发现3口水井。其中河姆渡遗址一口水井原来是锅底形浅水坑，水坑外围残存28根桩木围成直径6米的圆形栅栏，近中央是一个边长约2米的方形竖井。竖井四壁有密集的桩木护围，其内侧又各有一根带榫头或卯眼的粗圆木或半圆木，互相构成方框支撑四壁桩木，在上部用16根长圆木构成方框，以加固井口和井壁，井深1.35米。从外围的一圈栅栏、呈辐射状的小长圆木，以及苇席残片等判断，水井上面可能盖有简单的井亭。这是我国目前为止最早的木构水井。人们还把河姆渡水井与"井"字起源相联系，"从字形上看，'井'字的这两种写法和河姆渡遗址发现的圆木搭成框架的井、良渚文化发现的以弧形木板围成的井的结构相似，这些井的发现，为'井'字起源找到了佐证"。

中国是最早发明丝绸的国家。河姆渡文化虽然至今没有发现纺织物，但是蚕的形象已经出现在河姆渡文化中。河姆渡遗址曾出土2件象牙盖帽形器，其中的一件外壁刻弦纹两周间以斜向编织纹，中间雕刻有蚕形图案一周；另一件外壁也刻划斜向编织图案的宽带纹和近似蚕形（不完整）的图案各一周。尽管蚕的形象还不足以表明当时已有蚕丝纺织，但河姆渡文化发现许多与编、纺织相关的文物，如粗绳、细绳、苇编和刻有编织图

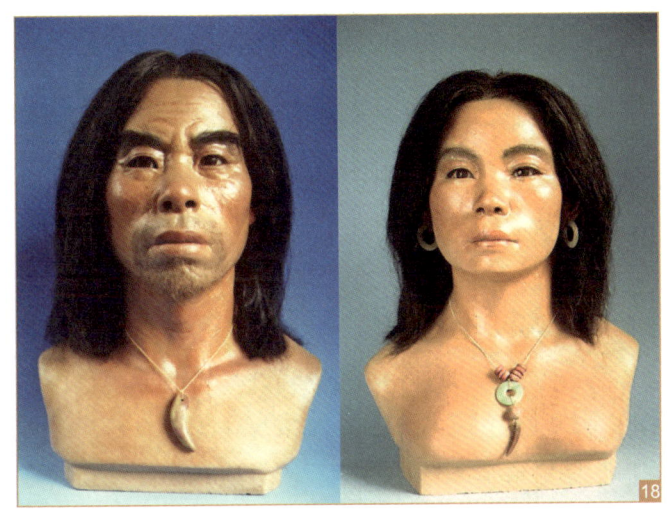

案的骨匕等，缝纫和纺织的生产工具则发现更多，能肯定用途的有骨针和纺轮，与纺织有关的实物有定经杆、机刀、梭形器和布轴等重要织机部件，最为重要的是田螺山遗址发现了2团细线团，无不向我们传达了先民原始纺织的信息。

河姆渡先民是我国最早发明和使用漆器的族群，成为我国源远流长的漆器制作技术的源头。河姆渡文化的木碗，外表涂一层朱红色发亮的颜料。这种朱红色涂料，经中国科学院高分子研究所李培基先生取样鉴定是有机质漆。河姆渡文化漆器还有很多，如木筒、木鸟形器（蝶形器）和漆绘陶片等。其中的一件木筒外表黑漆"金黄闪光，绚丽夺目"。这些漆器实物的发现，为享有盛誉的中国髹漆工艺的悠久历史写下了光辉的篇章，从而把我国的髹漆历史从河北藁城台西发现的商代漆器上推到7000年前的河姆渡文化时期。

体质人类学家根据河姆渡遗址出土的人骨架复原了河姆渡先民形象。他们是中等身材，身高约1.63米~1.69米。面部有宽大的颧骨、发达的颧骨缘结节，眶角比较圆钝，鼻骨低平，鼻根部不深陷，缺少眶下窝，鼻刺很小，铲形门齿，这些无疑是蒙古人种的特征。同时，河姆渡先民长头形，鼻骨低而宽，这些特征又在赤道人种的某些类型中较为多见。其中的原因有待进一步研究。

(二)良渚文化

宁波地区继河姆渡文化以后发展起来的后续文化是在20世纪70年代末、80年代初对姚江两岸的古文化遗址进行调查时发现的。在余姚前溪湖等遗址调查中发现了夹砂红陶鱼鳍形鼎足、泥质灰胎黑皮竹节把豆和有段石锛等遗物。这些遗物在宁波地区是前所未见的新东西，但是在杭州湾北岸的良渚文化中则是常见的器物组合。看来宁波地区继河姆渡文化之后还存在着相当于良渚文化的后续文化。

河姆渡后续文化的研究是伴随河姆渡文化研究的深化而进行的。20世纪80年代末90年代初，宁波慈湖、小东门、奉化名山后、象山塔山、余姚鲻山等遗址先后得到挖掘，河姆渡后续文化地层都直接叠压于河姆渡文化晚期的第三、四期地层之上。其中慈湖遗址的发掘，首次在宁绍平原上找到了河姆渡后续文化地层。名山后遗址则是河姆渡文化与其后续文化之间地层叠压关系最清楚、文化堆积最丰富的一个遗址。其2至7文化层，可以进一步分为早晚两个发展阶段：早期以第5文化层和H14为代表，晚期包括第4文化层及其以后的文化层和遗迹。其中第7文化层下发现的用棕黄色砂土和黄色黏土分层夯筑而成的土台是宁波地区首次发现。

宁波地区还有一类只包含河姆渡后续文化内涵的遗址。如余姚前溪湖、杨歧岙遗址，可惜仅有考古调查而未正式发掘。1994年、1997年发掘的北仑区柴桥镇沙溪遗址，面积370平方米，出土文物中有继承于河姆渡文化的，但主体与杭州湾北岸的良渚文化惊人的相似，同时还有一些地方特色的器物，富有海洋文化特色。

考古工作者根据河姆渡后续文化与杭州湾北岸典型的良渚

文化之间的联系和区别，以其分布地区称为"良渚文化钱塘江南岸类型"，也有以文化内涵最具代表性和典型性的名山后遗址为准，命名为"良渚文化名山后类型"。这两种名称虽不同，但都是同一回事，后文为叙述方便笼统地称为良渚文化。至此，在宁波地区建立了河姆渡文化一期—二期—三期—四期—良渚文化钱塘江南岸类型（或称为良渚文化名山后类型）这样一个脉络相对比较清晰的史前文化发展序列。

宁波地区继河姆渡文化之后发展起来的良渚文化保存较差，发掘面积都较小，对其村落形态未能全面了解。总的来说，当时的村落规模较小，居住时间较短，文化层堆积相对较薄。房屋建在山坡便于散水处，一般为地面建筑，房屋修建前先挖沟状基槽，基槽内垫以石块和泥土，然后垒土为墙，再铺椽盖顶。也有挖坑埋柱的，柱坑大小深浅不一，柱坑内填红烧土，部分底部垫石块，可能是干栏式建筑。还发现了用于祭祀的礼仪建筑——方形覆斗状人工夯筑土台。

墓葬发现不多，都是散落分布于房屋周围的小墓，大多是长方形竖穴浅坑墓，随葬品仅是少量陶器。没有找到杭州湾北岸那种人工夯筑土台埋葬大量玉器随葬的大墓和聚族而葬的氏族公共墓地。

宁波地区良渚文化遗址所处的地理环境相似，均依山傍水近河湖，与杭嘉湖地区的台地遗址不同，是一种山麓形地理环境。这为先民从事稻作、旱作提供了自然条件，依山傍水也为渔猎采集提供了便利。先民依然以种植水稻为生，稻谷壳印痕在陶器胎壁中普遍发现，应是种植水稻更加普遍的反映，其他农作物的情况因未找到实物不太清楚。杭州湾北岸的良渚先民种植芝麻、花生、葫芦、甜瓜等，想来宁波地区的农作物也应该大致相同。代表良渚文化农业发展水平的是此时新出现的石犁、石耘冠、石耨。石犁做成等腰三角形，亦有三件组合而成的，器形从

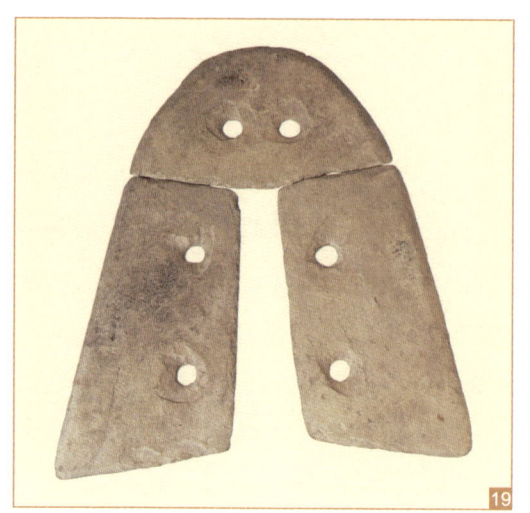

早到晚不断增大。石犁可以连续不断地翻土,极大地提高了翻耕土地的效率,是稻作农业由"耜耕"阶段发展到"犁耕农业"阶段的标志。石耘冠是掘地翻土工具,用于弄碎石犁翻耕上来的大块泥土、平整田地和旱地翻土等。石耨是一种斜向上下运动的除草工具。石刀的形状多种多样,大小和用途各不相同。长条形和半月形石刀是收割稻穗工具,其余的可能是厨刀,用来切割动物肉和各种蔬菜瓜果等。家畜种类比河姆渡先民要丰富,目前可以确定的是猪、羊、狗、牛已经家养。渔猎和采集在当时仍然是不可缺少的重要食物来源,从许多遗址已经离山地比较远,而紧邻江湖水域分析,下水捕鱼捞虾、采集菱角等明显要比上山采集野果和狩猎更为重要。石镞数量众多,骨镞和木镞数量非常少。石镞锋部尖锐,杀伤力比骨镞或木镞强大了许多,收获自然也多。

　　手工业已从农业中分离出来,出现了专事制陶治玉的非农业劳动者。陶器仍是主要生活用器,普遍采用轮制,制作规整,种类繁多,主要有鼎、豆、壶、罐、圈足盘、圈足盆、篦、碗、杯等。陶器多素面,炊器上仍有少量绳纹,弦纹、戳点、镂孔是这时期陶器装饰常用手法。泥质黑皮陶代表了此时制陶工艺的最高水平,制作特别精美,其黑皮是器表仔细打磨以后,在陶窑密封性能十

图⑳ 木展
图⑲ 分体式石犁

分良好的还原环境下，最后在窑内渗炭形成的。黑皮陶上细刻鸟纹、鸟首蛇身纹，图案构图巧妙，颇具神秘感，线条流畅，技法娴熟，应出自专业工匠之手。费工耗时的细刻纹黑皮陶器可能已从实用器脱胎为具有特殊用途的礼仪用器。木屐的发现意义重大。木屐曾盛行于大江南北，经久不衰，并且很早就传入日本、东南亚各地及我国台湾，延续使用了相当漫长时间。直至近现代，我国南方广大农民夏天脚上穿的仍然是木屐，而日本时至今日仍以身穿和服脚踩木屐为大和民族的象征。由此足见，宁波史前先民发明木屐是对世界古文明的一大贡献。

生产工具以石器为主，器形有石斧、石锛、石镞、石纺轮、石刀、石镰、石犁、石耘冠、石耨等，制作精细，器形多样，用途广泛。大型陶臼发现很多，硕大厚重的陶臼无疑是粮食加工工具和方法的一大改进，块茎类、谷类粮食均可使用陶臼，且效率提高。木质工具有木桨、木钻头、木锛柄等。骨器中依然有骨凿、骨针和骨锥等生产工具，但种类和数量明显比河姆渡文化时期少了许多。

玉器除小件人体装饰品玉玦、玉璜、玉管、玉锥形饰件外，至今没有发现玉琮、玉璧、玉钺等玉礼器，这是与杭州湾北岸良渚文化最重要的差别之一。

宁波地区良渚文化分布中心区仍然集中于姚江两岸，其他地区只有少量分布，大体与河姆渡文化的分布范围一致和重叠。已经发掘的几处与河姆渡文化地层重叠遗址，良渚文化地层都直接叠压在河姆渡文化第三、四期堆积之上，也有单纯的良渚文化堆积的遗址。可见遗址分布空间比河姆渡文化更加广阔、密集，许多原来不适合人类栖居的地方这时期已变得可以定居（如图21所示）。

宁波地区的良渚文化堆积时代有早晚之分。根据名山后遗址文化层叠压关系及出土遗物器物特征判断，大致可以将宁绍

图㉑ 宁波地区良渚文化遗址分布示意图

地区的良渚文化分成早晚两期。

早期以名山后遗址第5文化层和H14为代表，慈湖遗址上层也属于早期。最早年代距今大约5300年。

晚期以名山后遗址第4文化层及以后的地层和遗迹为代表，包括象山塔山遗址第5、6文化层，余姚杨歧岙遗址。晚期年代测定数据暂缺。

杭州湾北岸良渚文化有分为三期、五期等不同意见，年代从距今5300年至距今4000年，宁波的良渚文化延续年代也大致相当。

目前发掘的这些遗址堆积厚薄不一，材料丰欠有别，但出土遗物从种类到器形特征、装饰风格基本雷同。陶系均是以夹砂红陶、泥质灰陶、泥质黑皮陶为主，常见器物是鱼鳍足鼎、T字足鼎、竹节把豆、形式多样的罐、双鼻壶等，泥质红陶锥刺纹罐、夹砂陶缸数量虽不多，但几乎每个遗址都可见到它的踪迹，三角形带孔石犁、石耨、石耘冠、石镰、有段石锛、柳叶形石镞、穿孔石斧等也是各遗址中常见的石器。这与以夹炭陶占相当大的比重、以拍印绳纹釜为特色器形的河姆渡文化相比,在陶器的陶质、种类、器型、装饰方法,以及石器制作和器形等方面均存在巨大的差异,河姆渡文化仅有少量传统被延续下来。与杭州湾北岸的良渚文化相比,无论是在陶质、陶色,陶、石器种类、造型、装饰方法上,还是在土台的修筑等方面,两者均表现出高度的一致性,仅个别器物存在着差异,因此可归入同一文化。至于两者在文化内涵上的差别,可能是由于分布地域或时间上的原因造成的。

(三)商周考古

良渚文化之后,中原地区已经进入夏商周时期,宁波此时为越族属地,又紧邻后来的越国都城绍兴,因此,社会经济得到了很大发展,人口增长,原始村落分布密集,但是由于埋藏比较浅,被后人活动破坏严重。1978年试掘了宁波鄞州区东乡横溪钱岙遗址,面积48平方米,分三个文化层,除发现少量木构建筑残迹外,出土了大量商周时期的泥质陶、印纹硬陶、原始瓷、铜、石、玉类遗物和炭化稻谷、叶果等,时代分别相当于中原地区的商代中晚期、西周和春秋战国。此外,前面提到的鲞架山、塔山和小东门遗址也发现了商周时期遗物及灰坑等遗迹。

宁波商周时期考古中占有重要地位的是越族先民的土墩墓与石室土墩墓,数量众多,保存也比较完好。但直到1980年慈溪桥头黄婆山石室土墩墓进行清理时,这些土墩墓与石室土墩墓才开始引起考古工作者的关注。

1984年抢救发掘的慈溪彭东、东安土墩墓与石室土墩墓,时代分别相当于中原地区的西周前期、后期,春秋前期、后期和春秋末至战国初期。这是对宁波地区土墩墓与石室土墩墓的初步探索,为了解这类遗存的分布规律与文化面貌提供了新材料。

1992年余姚明伟老虎山一号墩发掘，反映了战国前后宁绍地区墓葬形制的变化，在随葬器物上，已深深打上了楚文化的烙印。春秋末叶，楚灭越，楚文化开始浸润和影响到越地，并且对越地的埋葬制度也产生了深刻影响（图22）。

2007年开始，在慈城城山渡北王家坝村附近进行了多次考古调查、勘探和试掘，勘探面积近50万平方米，试掘面积约50平方米，发现部分与句章城市设施相关的建筑倒塌物、台阶式木构建筑基址、干栏式木构建筑基址、斜坡式卵石路面等，以及城外窑址、墓葬区，同时还采集到各种标本数百份，主要包括一批春秋战国至两晋时期的筒瓦、板瓦、瓦当、砖块等建筑构件和印纹陶、泥质陶、原始瓷、青瓷及漆木类生活用具。句章故城的发现是新世纪宁波地区商周考古的重大收获和突破。

宁波在商周时期为越国属地。越族先民曾创造过光辉灿烂的文化，建立过强盛一时的越国，灭强吴、称霸江淮的惊世业绩，在中国历史上写下了光辉的一页。宁波紧临越国都城绍兴，因此，社会和经济各方面得到了很大发展，并修筑了今日宁波地域范围内最早的城邑——句章。句章城大体呈不规整的长方形，长约470米，宽120~200米，周长1200米，总面积约10万平方米。城内分布有台阶式木构建筑、干栏式木构建筑以及卵

图22 老虎山一号墩
图23 句章故城遗址所在地
图24 句章故城遗址内的鹅卵石路基

石铺设的路面(图24)等;城外是窑址区和墓葬区,已经初步具有了城内官署、生活区、商业区和城外墓葬、窑址、码头等功能区块。句章扼守越国出海的重要门户,勾践修建此城的目的有军事和商业两方面考虑。越国在句章设置造船工场,制造战船,兴办水师,同时吸引前来贸易的"海人",句章已经成为越国重要的军港和商港。

句章故城当时不过是一座人口仅数千人的边陲小城,但它对宁波而言意义非凡,它是宁波历史上的第一座城市,对促进宁波地区经济发展,尤其是对宁波东部平原地区的经济开发具有重要作用。商周时期的村落比以前更加密集,在平原地区的丘陵岗地上,或者是溪流交汇口的高亢地表上,几乎随处就能捡拾到印纹硬陶和原始瓷器的碎片,这是商周时期的先民在此定居和生产活动时所留下的。但是由于至今没有找到理想的居住遗址进行考古发掘,所以对当时村落情况知之不多,住房可能延续了以前的干栏式建筑和地面建筑。

土墩墓与石室土墩墓是越族先民颇有特色的埋葬方式,大量分布于沿海山地小丘陵的山脊、山腰或山麓平缓地带。土墩墓用砂和土等人工堆筑成坟丘形状,但是面积比普通的坟丘墓大了许多倍,面积小的二三百平方米以上,大的成千上万平方

米。挖开这些土堆，有的是用石块砌出封闭的石室，前面还有通道；有的仅用小石块铺出一个平面，俗称"石床"，有些比较讲究的四周也砌上石壁，俗称"石框"；也有没有石块等其他构筑物的。如果没有被破坏的话，都有成堆摆放的器物，少则一组，多的五六组，甚至有十来组的。这些器物以原始青瓷和印纹硬陶为主。考古学上把土堆内没有封闭石室的叫做土墩墓，有封闭石室和石砌通道的叫做石室土墩墓。

土墩墓和石室土墩墓的营建过程是这样的：先在山脊或山顶上平整出一大块平地，然后中间堆筑一处长方形土台，土台上摆放随葬品和棺木后堆土成墩。大约从西周早期开始，在土台上铺小石块或鹅卵石为"石床"，更加讲究的四壁还砌出石壁组成"石框"。在此基础上大约到西周中期，墓室上下及四周都用石块砌筑，形成密闭的"石室"，前面也用石块砌出通道。土墩墓一般是一墩多墓，以后埋的墓葬往往是在已有封土墩的某一坡面上稍加平整或挖掘浅坑后掩埋并再次堆土成丘，有的则完全埋葬于已有堆土之上，所以土墩随着墓葬数量的增加而不断增高和扩大。石室土墩墓一般一墩一墓，极少数一墩二三墓的。石室的封门石可以拆开后再封堵，比较方便。因此，石室内经常可以看到不同时间的几组器物摆放在一起，石室的封门石也

图㉕ 老虎山一号墩墓
图㉖ 青铜锄
图㉗ 青铜斧
图㉘ 青铜镰

有拆开后再封堵迹象,这是后人重新拆开封门石再次埋葬死者所致。

商周时期的宁波先民继续以稻作农业为主业,稻米是主要的粮食作物。稻作农业比以前有了更大的发展进步,具体表现为耕作工具的改进和青铜工具的推广使用。传统的石质农业生产工具石犁、石镰、石刀等还在继续使用,但制作比以前更加精细,使用也更加普遍和广泛。青铜器比较昂贵,中原地区大多用于铸造礼器,宁波的青铜器则大多是生产工具,有锄、铲、削、耙、插、耜、斧、刀、镰等,数量以农具为大宗,种类也较多,分工趋向精细化和专门化,大多数是用于栽培水稻的垦荒和精耕工具,极大地提高了农业生产力,有利于稻作农业生产的发展。

制陶业、造船业和纺织业成为当时的主要手工业。

印纹硬陶是商周时期流行的一种生活用具。在居住遗址内经常发现印纹硬陶,纹饰繁多,有方格纹、窗格纹、菱形纹、麻布纹、米字纹和回纹等。印纹硬陶相比于普通的泥质或夹砂陶器,一个显著的优点就是烧制温度大大提高,一般的陶器烧成温度为900℃左右,印纹硬陶烧成温度要达到1050℃,其机械强度也较高。但缺点是胎泥较硬,可塑性较差,制作时只能手工捏制或泥条盘筑,难以应用先进的快轮制作技术,烧成的产品胎质较

粗，器形多是大型的罐、坛等存储器皿。

经过数百上千年的寻觅和实验，一种现在叫"瓷土"的东西出现了。这种泥土同样耐高温，烧成后同样具有较高的机械强度，同时可塑性又相对较强，可用快轮制作。器表施一层釉，烧成后的产品光滑闪亮，这就是原始瓷。原始瓷的发明是继印纹硬陶之后陶瓷发展历史上又一次重大的飞跃。原始瓷主要出土于墓葬中，其中又以土墩墓或石室土墩墓中发现最多，居住遗址内发现较少。原始瓷烧成温度可达1200℃左右，吸水性差，种类很多，有用作烧煮食物的鼎，盛水或盛酒的罐、壶、碗、盘、盆，盛食的豆、簋等。原始瓷呈青褐、褐、酱褐、黑褐等色，尽管施釉不匀，但釉面玻化程度较好。

造船是宁波先民的一个重要手工业。前面已经讲到，早在

图㉙ 印纹硬陶罐
图㉚ 原始青瓷鼎
图㉛ 原始青瓷壶

7000多年以前的河姆渡先民已经掌握了制造独木舟、竹木筏和在近海航行技术。经过了几千年积累,到了商周时期,宁波先民的造船技术有了巨大的提高。鄞州发现的一件周代青铜钺,一面刻划有一组4个头戴羽冠的越族先民划船画面,充分说明舟楫在宁波先民生活中占有重要地位。从古代文献记载看,当时的越族先民已经能够打造扁舟、轻舟、戈船、楼船、铜船等。其中的楼船是一种高大的有叠层的大船,"高大余丈"。要造这样大的船,自然需要专门的造船工场和专管造船的官署,叫作"舟室"或"船宫"。越国造船不仅自己用,还送给周王室和其他诸侯,有确切数量记载的一次达300艘,足见越国造船业之发达。宁波的句章作为越国的重要港口城市,设立专门造船工场并驻扎了水师,其造船业当然是比较发达的。

纺织业依然是手工业的一个重要门类。钱峁、小东门、塔山等遗址发现了一些商周时期的纺织工具,如石纺轮、陶纺轮、针等。此时期虽没有发现纺织物,但《越绝书》和《吴越春秋》等古籍记载了越国当时纺织业的盛况。说的是越国称臣于吴国,越王勾践卧薪尝胆,为讨吴王欢心,动员国内男女老少到山里采集葛麻，纺成丝线，织成葛布10万匹，献给吴王。当然这些纺织品的质量是十分高的，时人有歌称"弱于罗兮轻霏霏"，制成的衣服十分轻盈飘逸。我国古代四大美女之一的西施，曾经是一个越国的浣纱女。这些史实足以说明，越族先民善于纺织，纺织技术非常成熟先进，想来隶属越国的宁波纺织业也是比较兴盛发达的。

  总的来说，宁波地域史前文化目前仅能追溯到7000年前，再往前基本上是一片空白。相比于其他地区，宁波史前文化的年代晚了很多，但是在我国远古文明发展史上却占有重要地位，并作为长江流域古代文明代表而载入史册，饮誉海内外。7000年前的河姆渡先民以发达的耜耕稻作农业、高超的榫卯结构干栏式建筑、木构水井、髹漆技术和独特的夹炭黑陶器皿等闻名于世。其中干栏式建筑、漆器、有段石锛和双孔石刀等的发明和传播，不但影响了周边地区的其他原始文化，并且对东南亚、日本的原始文化也产生过深远的影响，有段石锛更是传播至整个太平洋沿海岛屿上的南岛语族中，成为南岛语族研究的原点。大约距今5300年以前，宁波先民在与邻近的其他原始文化碰撞和交流中融入良渚文化大家庭，初现文明曙光。商周时期宁波为越国属地，先民在灭强吴、称霸江淮的惊世业绩中功不可没。春秋战国时句章故城的修建进一步加快了宁波东部沿海平原地区的开发建设步伐，为历史时期宁波经济发展、城市兴起及海上丝绸之路开辟等奠定了坚实基础。追根溯源，秦汉以后宁波之所以有发达的海上交通，有以保国寺为代表的传统木构建筑以及著名的越窑青瓷等绝非偶然，当与本地区发达的史前文化长期丰富积淀和传承紧密相关。

东◇方◇曙◇光

【二】

沧海桑田话环境变迁

俗话说："靠山吃山，靠水吃水"，"一方水土养一方人"。说的是生活在不同地区的人，由于自然环境、地理气候等条件不同，导致生存方式、思想观念、人文历史、为人处事和文化性格特征等方面不同。人类历史的发展规律告诉我们，人类在不断地认识、利用和改造自然环境的同时，人类的生存发展也将受到自然环境的制约，这在生产力发展水平十分低下的史前时期表现得尤为明显。

在宁波9365平方公里土地上，西南部有天台山和四明山，其余三面是临海的平原。平原地区河流纵横，水网密布，土地肥沃，气候温暖，雨量充沛，物产丰富，是早期人类理想的居住地。

目前所知的史前遗址都分布于宁波东、北部的沿海平原地区，这里地势低洼，海平面高度大多只有2~3米，离海又很近，很容易受到海平面升降影响。地质工作者告诉我们，宁波的沿海平原地区曾经历了沧海桑田的变化，很久以前这里还是一片大海，成为陆地的时间并不长。全球自更新世晚期以来，经历了星轮虫、假轮虫和卷转虫三次大的海侵。尤其是最后一次卷转虫海侵，对宁波平原地区现代地貌的形成起了决定性的作用。这次海侵大约开始于距今12000年前，那时海岸线还在现今水深100多米的地方，即大约在舟山群岛以东的大陆架边缘，现在的舟山群岛附近海域还是陆地。近年来渔民捕鱼时常常从舟山群岛附近浅海中打捞出古代动物骨骸就是证明。海侵开始以后海水慢慢上涨，逐渐淹没了沿海低洼的平原地区并深入内陆，到距今8000多年前达到最高海平面，现今宁波的平原地区几乎都被海水淹没成为一片浅海，海浪直拍西南部的四明山和天台山麓，平原上的许多低山小丘或被淹浸在海水中，稍高一些的露出海面成为一个个小岛。至距今7400年前海平面开始下降，以后虽有几次海平面升降，但是幅度都很小。这次海侵带来的大量泥沙沉积于沿海平原地区，形成的淤泥层最厚处有50多米，薄的也有10多米,最终奠定了今日宁波平原地区的现代地貌格局。四明山北麓和慈南山地所夹的余(姚)慈(城)平原是海退后最早露出海面成陆的区域,其他平原地区成陆时间稍晚。

当余(姚)慈(城)平原这一山水环抱的滨海平原形成以后,大约到距今7000年前,河姆渡文化先民开始在这里安家落户,劳动生息。河姆渡、鲻山、田螺山、傅家山和童家岙等遗址是海退之后第一批到达宁波生活的史前居民居住地。在这些遗址的最早期文化层堆积中,有广盐性的有孔虫、介形虫、硅藻,如毕克卷转虫、宽卵中华介;花粉中也有大量属于水生植物,其中还有少量属于海滨环境的藜科植物;动物群中有鲨鱼、鲸、金枪鱼、海龟等海洋生物,说明当时离海比现在要近许多,周围的湖河水系受咸潮的影响严重,土壤中的盐分很高。周围相同时期形成的地层内包含大量淡水鱼类、泥炭、香蒲和大量的禾本科植物的孢粉,说明成陆以后的余(姚)慈(城)平原已基本摆脱了海水的淹浸,但是地势低洼,河流湖泊和沼泽遍布,在今河姆渡、二六市和丈亭之间还有一个大湖泊。虽然以后曾有几次海面升降的变化,但从平原上河姆渡文化、良渚文化以及夏商周遗址连续密集分布的情况看,海平面的升降变化幅度都很小,附近也未遭大的海侵影响。

在河姆渡先民生活的近两千年时间里,宁波地区一直处于地下水位高、湖泊众多的状态,但也曾发生过湖泊增多、水域面积扩大和水面缩小、沼泽发育的更替。从水生植物的增减和文化层的年代判断,较大的水域面积缩小、沼泽化时期分别在距今6700~6000年和5500~5000年前,中间间隔阶段是水域面积扩大时期,相应的在河姆渡遗址第二文化层层面上沉积了一层淤泥,傅家山遗址第5层是厚7~14厘米的青灰色淤泥,没有人类活动迹象,表明距今6000年前后这里有一段时间被水所淹。

到距今6000年以后,宁波其他沿海平原地区海水也陆续退

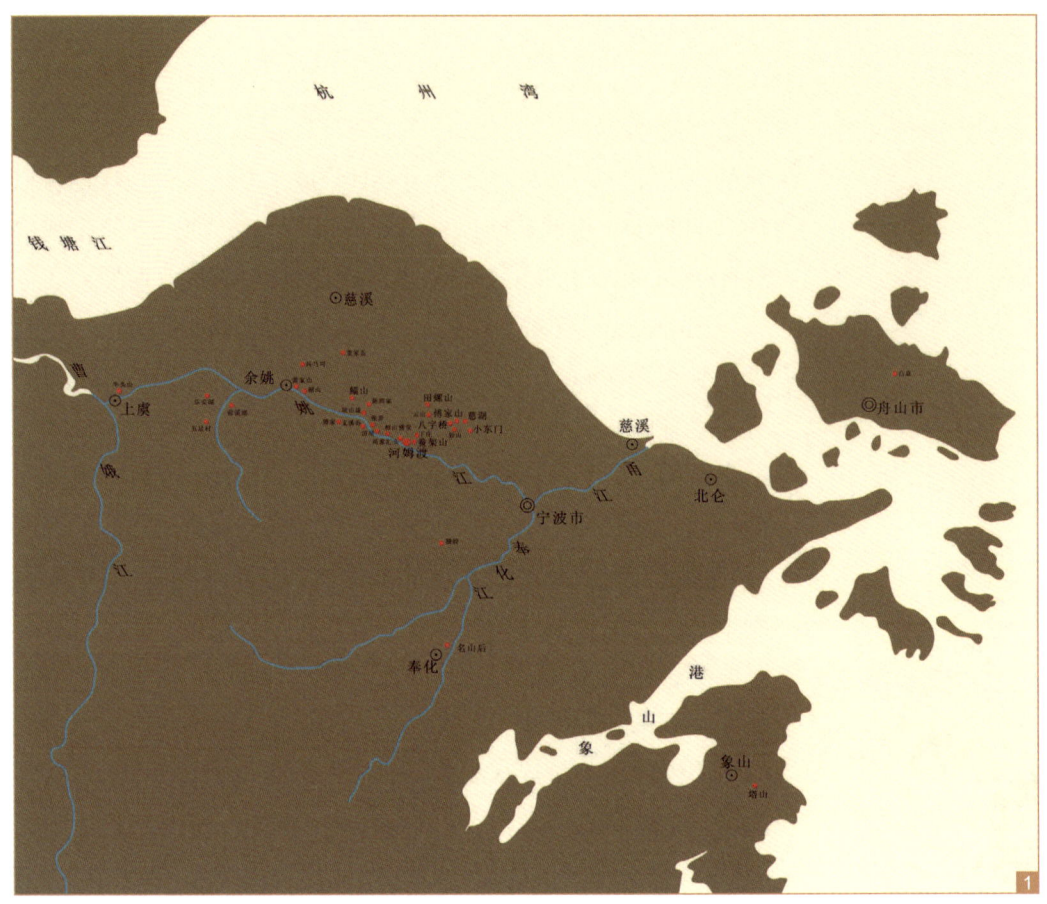

图① 河姆渡文化早期分布图
图② 河姆渡遗址出土数量巨大的动物骨
图③ 3种已灭迹动物还原图
图④ 刚出土的稻叶

出成为陆地,平原内河湖沼泽发育,原先那些不适宜人类生活的区域也开始有人类定居,遗址的数量明显增加,达到30多处,说明人口增长很快。从河姆渡文化遗址的分布图上看(如图1所示),河姆渡先民开始走出余慈平原到其他平原地区生活,甚至渡海到舟山群岛定居,最南可能到达福建平潭岛壳丘头,向北可能到达山东长岛县庙岛群岛。

河姆渡文化考古发掘中都发现了大量动植物遗存。如河姆渡遗址出土动物种类之多,数量之大,是迄今为止我国其他新石器时代遗址所不及的。经初步鉴定,动物至少有61个种属,绝大部分是现生种,但也有8种动物是绝迹了的,如亚洲象、苏门犀、爪哇犀、四不像、水鹿、红面猴、大角鹿和陆龟等;有2种

亚洲象　　　　　苏门犀　　　　　红面猴

是家养动物，即猪和狗；还有陆生动物和水生动物各 21 种，飞禽类有 8 种。因此，人们形象地称河姆渡为史前动物王国或动物园。植物种类也相当丰富，达 25 种以上，保存比较完好。有水稻（包括谷壳和秆、叶）、橡子、菱角、芡实、槐树子、薏仁、酸枣等富有淀粉的果籽食物以及各种树叶。树叶种类有赤皮稠、栎、苦槠、天仙果、细叶香桂、山鸡椒、江浙钓樟、金粟兰、夜合花、紫楠、牛筋树、旱莲木、蓼、薏、苔、假灵芝、山桃、青冈、钩栲等。出土时外形多较完整，色泽如初，脉纹清楚。田螺山遗址发现的动植物数量也很多，目前仅对 2004 年出土的部分动物种类进行了鉴定，分为鱼类、两栖类、爬行类、鸟类、哺乳类等几大类，种类比河姆渡遗址少些；植物种类则比河姆渡遗址丰富，其中植物

图⑤ 田螺山遗址出土的植物种子
图⑥ 田螺山遗址出土的鳖甲骨
图⑦ 田螺山遗址出土的贝壳
图⑧ 田螺山遗址出土的成筐鱼骨

种子有18个科、27个属，其他的建筑用材及木器树种更多，有针叶树3种，阔叶树51种，不明属的樟科4种，属种均不明的8种，极大地丰富了我们对先民生活时期植物种类的认识。总之，河姆渡先民生活时期，动物除了我们非常熟悉的河蚌、螺蛳、青蟹、乌龟和鳖、各种鱼类、鸟类和猪、狗、水牛以外，还有红面猴、穿山甲、貉、豺、黑熊、老虎、大象、犀牛等。植物则以紫楠、香桂、苦槠等落叶、阔叶林为大宗，还有山桃、酸枣等灌木和菱角、芡实等水生植物。

孢粉是植物孢子和花粉的简称。孢子植物产生孢子，种子植物产生花粉，都是植物繁殖的器官。孢粉具有坚硬的外壁，有个体小、重量轻、易飞翔、形态可识别等特征，可以抵抗强烈的酸碱而不被破坏，虽然经过千百万年甚至几亿年，化石孢粉仍能保

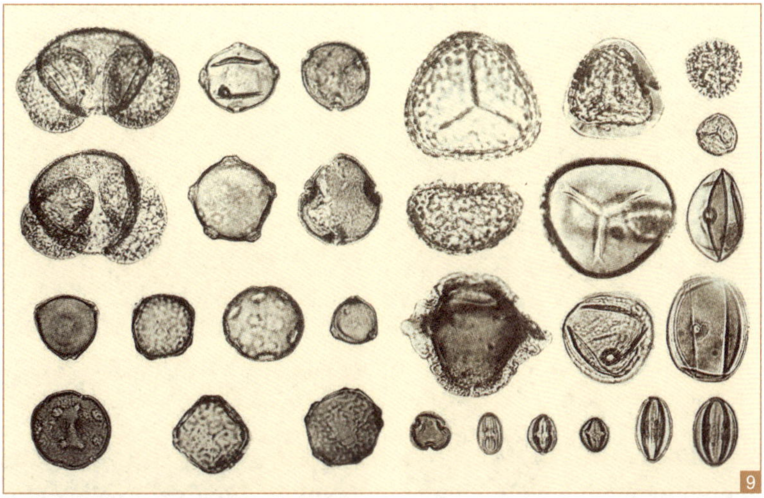

存完好。因此根据孢粉形态可以判断其所属的植物种类,进而复原植被状况及气候特点。对河姆渡、田螺山及鲻山等遗址孢粉的分析并结合发现的动植物遗存,为我们形象地描绘出距今7000年前宁波优越的生态环境及其演变。

距今7000年前的宁波地区,由于受冰后期气温回升的影响,一度变得十分温暖湿润,森林水草茂密。当时山峦起伏的四明山、慈南山地以及附近的孤丘小山上,生长着茂密的亚热带常绿阔叶林,主要树种有蕈树、枫香、栎、栲、青冈等,林下地皮层发育,蕨类植被繁盛,有石松、卷柏、水龙骨、瓶尔小草,树上缠绕着狭叶海金沙和柳叶海金沙。林中有老虎、大象、犀牛和熊等巨兽出没,同时又是猕猴、红面猴等的栖息地。山坡上散生着山桃、南酸枣、忍冬等灌木丛及蓼、茜草及伞形花科等草本植物。梅花

图⑨ 河姆渡遗址孢粉组合
图⑩ 栲树
图⑪ 狭叶海金沙

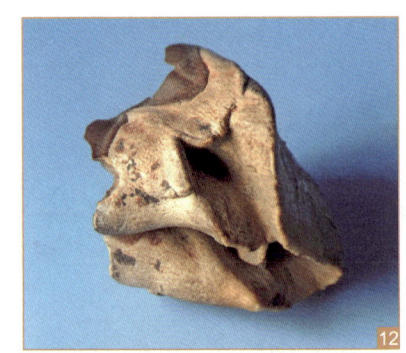
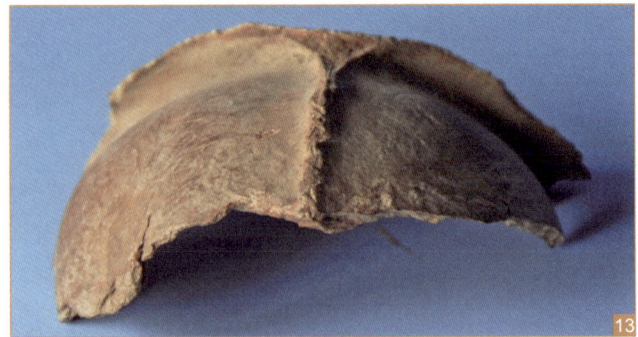

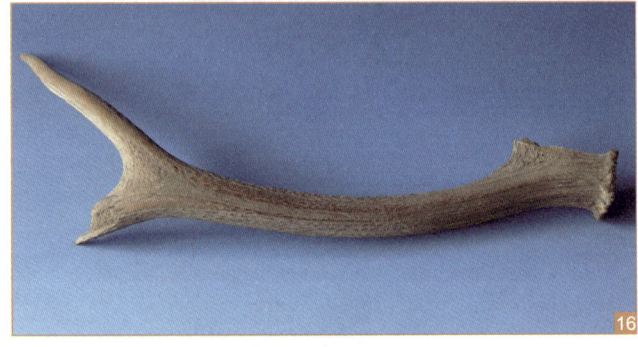

鹿、水鹿、麂等食草动物出没其中。低洼地区淡水湖塘沼泽遍布，香蒲、眼子菜、黑三棱、莲属、菱角、芡实和芦苇竞相生长，这为鲤鱼、鲫鱼、翘嘴白、青鱼、黄颡鱼等各种淡水鱼类及龟、鳖、扬子鳄等爬行动物，以及涉足湖塘岸边、芦苇沼泽地带的雁群、鸭群、鹤群等鸟类飞禽和獐子、四不像等野生动物提供了良好的生态环境。

近万年来的全球气候变迁研究告诉我们，距今7000年前正值全新世大西洋气候期，即温暖气候最适宜期，并且呈温暖向凉干渐变的趋势。距今7000年前宁波地区气候温暖湿润，生长着茂密的亚热带常绿阔叶林。动物群中的猕猴、红面猴、四不像、

图⑫ 犀牛下前白牙
图⑬ 红面猴头盖骨
图⑭ 桃核
图⑮ 南酸枣
图⑯ 水鹿角
图⑰ 鹿角

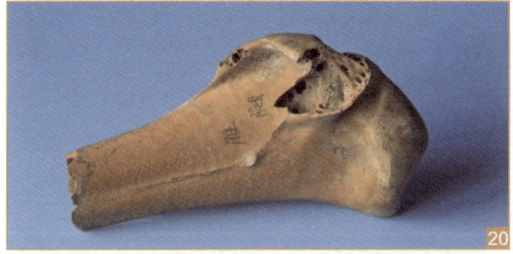
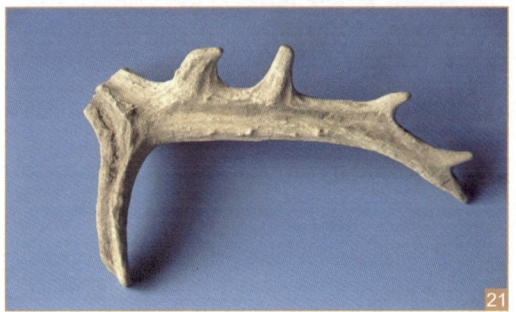

图⑱ 鲤鱼鳃盖骨

图⑲ 鲫鱼鳃盖骨

图⑳ 雁股骨

图㉑ 四不像角

图㉒ 南酸枣

亚洲象等以及植物中的狭叶海金沙、柳叶海金沙、台湾枫香、葺、南酸枣等，目前仅见于海南岛及两广地区。看来，当时宁波地区的气候条件与今日的广东、广西中南部、海南岛和台湾等地的气候差不多，年平均温度比现在高4℃以上，一月平均温度达到10℃~12℃，年平均降水量比今天多800毫米。

自距今6000年起，气温明显下降，大体上至距今5600年，气温已下降到略高于现代的水平，台湾枫香、葺、栲等喜温热树种减少，以至消失，落叶阔叶树增多。动物群中喜温湿的象、犀牛也消失了。距今5600~5400年间，气温和湿度都继续下降，植被变成麻栎、枫香、山毛榉、松、柳等为主的落叶、针叶和常绿阔叶混交林。距今 5300~5000 年间，青冈、甜槠等重新恢复成林，还有樟树、棕榈、桑树等，呈现常绿阔叶与落叶混交林，这是一个气温回暖的高峰，气温回升到比现在高 1℃~2℃的水平。

沧海桑田，宁绍平原地区自距今 7400 年前海退成陆以后，随着湖泊河流的沼泽化，水草地草原疏林得到了空前的发展。这一古地理演变过程，创造了多种多样的生态环境，为各种生态习性的动物繁殖、栖息及植物的生长发育提供了所需的适宜条件，同时也为生活其间的远古先民获取各种生产、生活资源创造了得天独厚的优越环境。

[三] 建筑史上的奇迹

图① 临水而居

在原始社会，人们对居住地的选择是十分重视的。从大量新石器时代遗址的分布规律考察，在黄河流域，人们选择在河流两岸的台地上或两河交汇处的高地上定居；在长江流域（这里主要指的是长江下游），人们选择在临近湖、河的高阜或近水的山丘坡地上定居。总的说来，当时人们选择居住地，要求有高亢的地势，开阔的地面，临近水域，以有利于生产和生活为前提，同时又要尽量避开各种对人类生存、发展产生不利或危害的地区。那么，7000年前的河姆渡先民选择居住地又有什么样的要求呢？

河姆渡先民选择的居住地条件与其他史前先民大致相同，首先要求背山面水。具体地说，一是背靠连绵起伏的山地丘陵，徒步行走几百或者上千米就可到达山脚，这样上山打猎和采集都十分方便，砍伐树木建造房屋时运输距离也短，同时和深山保持一定的距离，可以减少和避免山上各种野兽蛇虫的危害。其次是面朝湖泊沼泽等广阔水域和平原。平原的广阔水域是先民重要的生活资源来源地，人们下水可以捕鱼捉虾，采摘菱角、芡实等，湖泊、河流岸边及沼泽地带地势低洼、平坦，为先民开垦滩涂种植水稻提供了大量土地。余慈平原两侧符合上述条件的地方很多。但是面朝湖泊沼泽的地区地势低洼潮湿，容易被水所淹，所以还需要寻找相对高亢干燥的地方，坐落于山地前面的孤丘小山无疑是首选。这些孤丘小山多数海拔只有几米，最高也不超过六七十米。

河姆渡先民如此选择居住地，无疑是为了最大限度地利用周围各种自然资源。考古工作者利用先进的计算机技术和地理信息系统，结合田螺山遗址出土的各种动植物遗存，推测先民获取各种生活资源的活动范围。

田螺山遗址周围的生态环境非常复杂多样，包括靠近遗址的湿地、林地灌木和远距离的山林地区。对两万多个植物标本统计鉴定表明，它们属于 50 多个植物种属，其中以稻谷、橡子、芡实、菱角数量最多，而且从早到晚都是如此，是先民的主要食物种类。其他的 10 余种果实、种子数量很少，都只是偶尔发现，另外的 33 个种类是田间杂草，即种植水稻时田间伴生的杂草种子，估计是收割稻谷时一起带入居住地的，可以作为当时种植水稻的重要证据。田螺山先民种植水稻，采集菱角、芡实，捕捉以鲫鱼为主的淡水鱼类和梅花鹿、圣水牛等，主要是在余慈平原上进行，刚好是步行 1~3 小时的半径范围内。橡子生长在较近的低海拔林地和山上，遗址北部的慈南山地现在仍然广泛生长，先民徒步行走只需要 2~4 小时。这样就知道了田螺山先民获得上述四种主要食物资源应该是在徒步行走 3~4 小时的半径范围内。

田螺山遗址中所见的其他果实，例如猕猴桃属、柿属及南酸枣等则来自较远的山区。从田螺山到南部山麓边缘地带已有 10 多公里，先民的部分采集活动需要到 20~25 公里之外的南部

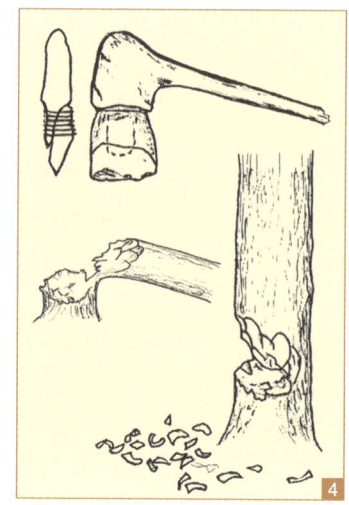

山脊地带，估计步行需要一到两天时间。

河姆渡文化其他遗址的选址特点与田螺山基本相似，其地理位置充分考虑到了活动范围内的生态多样性和各种资源最大化，即步行3~4小时可以获得来自不同水域、灌丛、山地的各类资源。

河姆渡先民确定了村落位置以后，需要着手准备木材、芦苇等建筑材料。建筑材料的准备以木材的砍伐、运输最为繁重和艰巨。伐木是男人们的事情，所使用的工具是石斧。石斧，形体厚重呈梯形或长条形，从最厚处开始磨刃，两面刃部往往不对称，但极锋利，器身可见麻点状打琢痕迹（如图2）。石斧柄是截取分杈的树枝或鹿角制成的，较细长的一端作手握柄部，粗壮的短杈下端截去右半边，留下半边做成"榫头"状的捆扎面，安装时把石斧上部较长一面平贴在器柄头部短杈下的"榫头"处，然后用藤条或绳索捆扎结实。这种安柄方式较宜于斜向挥动，提高了小型石斧砍削树木的效能。许多木构件上至今依然可以清晰地看到斜向砍削痕，就是这类石斧所致。砍伐树木的操作方法与现代民间铁斧伐木相似，应是沿拟定断线的一周，先斜砍一斧，然后再横剁一斧后横向砍断，劈裂一片，砍断一片，直至沿拟

图②石斧
图③木质斧柄
图④砍伐木材示意图
图⑤石锛
图⑥木锛柄

定断线一周形成深槽，最后推倒或拉倒树木（如图4所示）。考古工作者曾用石斧进行过伐木试验，一棵10余厘米粗的小树，用石斧连续不断地砍伐，需要近二十分钟的时间才能砍断。河姆渡先民建造一幢木构干栏长屋，所需木材数百立方米，单是伐木一项就要付出相当艰巨的劳动。砍伐下来的树木在原地削去枝杈和树冠等尽量减轻运输重量，然后肩扛、绳索拖拉，或利用溪流漂浮等方法把木材运送到村落里。先民在村落里将这些木材加工成桩、柱、梁、板等建筑构件。要加工成桩、柱、梁、板等不同构件，先要将原木按构件的规格横断。横断原木、木构件、木板的方法大致和砍伐木材相同。这时木材可以平放，所以操作时石斧可沿拟断线周匝砍成凹槽，然后折断。因此，木材的两个截面皆呈尖桩形。原木加工成方木，如果只是将圆形截面加工成方形截面，方法比较简单，只要用石斧、石锛砍削平就行了。石锛器形稍小而扁薄，一面磨出刃部，平面有梯形或长条形等（如图5）。锛柄也有木质和角质两种，形状与石斧柄十分相似，差别是锛柄的短杈前端被截掉，石锛捆扎在前端，这样适宜于刨、挖。一些木构件上弧凹的印痕是这类石锛所致。如果是大原木要剖成小方木或板材，需要将原木纵向剖裂，难度较大。从木构件上遗留的痕迹和出土的工具看，使用的工具是石

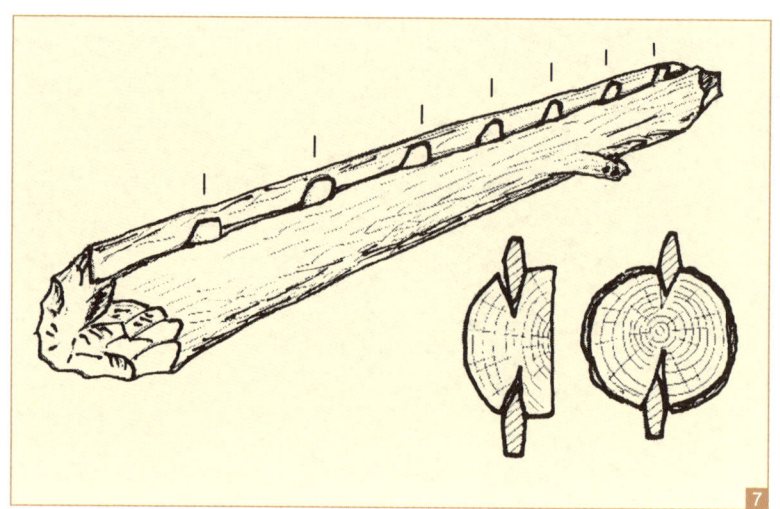
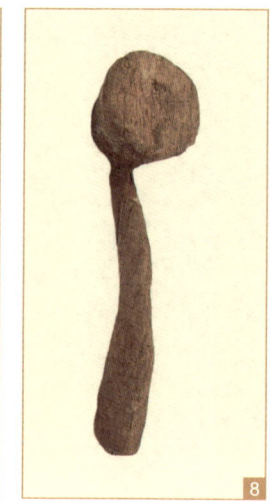

楔。石楔的形状类似石斧，大多十分厚重，两面刃部对称，与石斧不同的是器形厚重，顶端有重力捶击留下的击痕或崩损，用来开裁原木或木板。用石楔剖裂木材操作方法如现代裁开石板，沿拟断线并列加楔，即在原木上顺纵向木质纤维的劈裂线上，每隔一定距离打入石楔，每楔嵌入原木后便会产生一段胀裂。各楔造成的裂痕连接起来就构成顺树木纹路的通缝，然后再在原木通缝的相对一面用同样方法加楔，使之产生对应的通缝，不断打深石楔，直到原木完全裂开（如图7所示）。捶击工具应是木槌（如图8）、木棒之类。这种开裁木材的原始工艺在近代西藏、甘肃等偏远地区，在没有锯的情况下仍在使用。榫头的制作主要是用石斧砍削而成的，其方法和顺序是，先横向砍出一条凹槽，再纵向劈裂制成。卯口是用石凿、骨凿、角凿挖成的。石凿，器身稍长而厚重，背面略呈弧形，单面刃，也有双面刃的，制作较精细，用以挖制卯孔（如图9）。骨（角）凿，是用动物尺骨、肢骨或鹿角等制成，出土的骨（角）凿大多保留着骨骼原始形状，上端稍磨平，下端错磨出锋利的双面刃（如图10）。石凿和骨（角）凿顶端往往有木棒、木槌的捶击痕迹。用凿挖卯孔一般需要捶击操作，不过骨（角）凿刃部都较小，如木材不甚坚硬或刚砍伐不久的，或可无需捶击而直接用来挖卯孔。

图⑦ 石楔剖木示意图
图⑧ 木槌
图⑨ 石凿
图⑩ 骨、角凿
图⑪ 半卯眼
图⑫ 榫卯类型

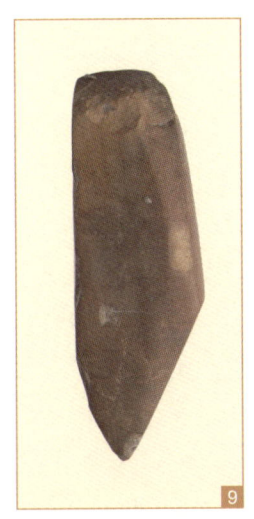

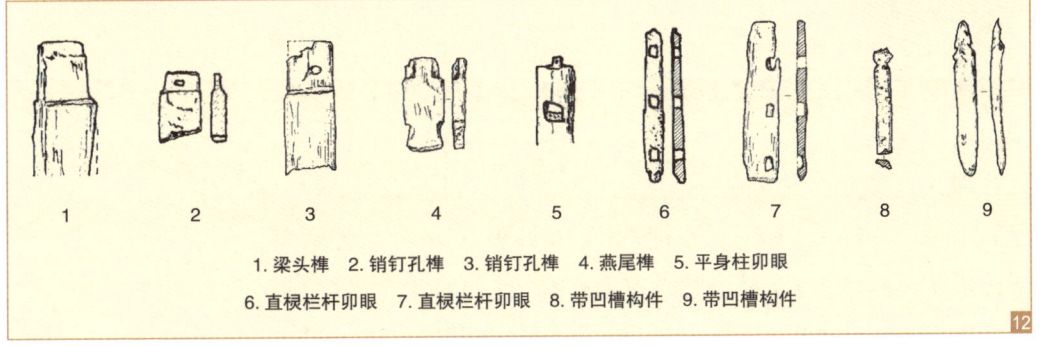

1. 梁头榫　2. 销钉孔榫　3. 销钉孔榫　4. 燕尾榫　5. 平身柱卯眼
6. 直棂栏杆卯眼　7. 直棂栏杆卯眼　8. 带凹槽构件　9. 带凹槽构件

河姆渡文化出土的木构件中，除桩木、长圆木和木板外，还发现不少带凹槽及顶端带叉的木构件（如图11），表明许多复杂的节点仍然使用捆扎的方法，但在一些垂直相交的节点已采用榫卯工艺。榫、卯、企口的发明并在建筑上的应用是河姆渡先民的杰出贡献，堪称我国木构建筑史上的奇迹，它对中国古典建筑的影响深远。河姆渡文化出土带有榫卯的木构件上百件，极大部分是出土于河姆渡遗址，这些木构件都是垂直相交的榫卯。归纳起来，榫头的类型有梁头榫、柱脚榫、燕尾榫、双凸榫、柱头刀形榫、双叉榫等（如图12）。其中有两件榫头截面长宽比例为4∶1，符合受力要求，结构科学，被后世称为"经验截面"（如图13）。另有一件带有销钉孔的榫，榫头中部凿一直径3厘米的小圆孔，用以安插销钉，目的是为了防止构件受拉后脱榫，从中反

映出当时木构技术已相当成熟（如图14），连系梁、柱等的节点构造已较完善。

　　卯孔是与榫头交互配合使用的。河姆渡的卯主要见于较粗壮的木柱等构件上，如一根带榫木柱，在榫头下20厘米处两面对凿出长9厘米、宽7厘米的长方形卯孔，这种卯孔，可以两侧对插入横梁或枋木的榫头，是后世所称"平身柱"的鼻祖。另一根圆立柱的同一高度开凿出两个互成直角的长11厘米、宽6厘米的卯孔，是连接两个垂直的横向梁枋构件的转角立柱。此外，还出土一段方木，上面等距挖凿出长4厘米、宽3.5厘米、深1.5厘米的卯眼，是插入直棂栏杆所用的构件。

　　从以上介绍的榫、卯和企口类型看，河姆渡先民的木构榫卯都是垂直相交的，大约当时人们在一些复杂节点上还不能采用榫卯，而仍采用古老的捆扎技术。发掘出土的许多木构件带有便于捆扎的凹槽便是证明。尽管如此，上述榫卯的制作，已充分说明当时木结构技术已达到相当高的水平，受力不同的构件已有不同的技术处理，其榫卯的形式都基本符合受力的要求，甚至与晚期木构所见相同，只是早期的因工具简陋而显得加工较粗糙而已。尤其是销钉的使用和企口板的发明，标志着河姆渡文化时期木构技术已有相当丰富的经验。

图⑬　两头榫
图⑭　带销钉孔榫

古代文献上有上古之世"北方穴居，南方巢居"的记载，这是对古代南北方建筑形式的高度概括。《韩非子·五蠹》中说："上古之世，人民少而禽兽众，人民不胜禽兽虫蛇。有圣人作，构木为巢，以避群害，而民悦之，使王天下，号曰'有巢'。""有巢氏"是发明"巢居"的始祖。这一记载是否可信，历史上是否真有其人，我们暂且不去管它，不过在人类发展史上，生活在炎热潮湿的沼泽地带的人们确实创造了这种住宅。所谓巢居，就是把房屋建在大树上，人居其中，远远望去，就像一只很大的鸟巢。随着社会的发展，居住在树上的人逐渐向在地面上居住过渡，但是由于地理环境的限制，把房屋建造在潮湿的地面上是不足取的，于是便出现了一种干栏式的房屋。河姆渡文化发现的房屋遗迹，便是一种干栏式长屋，它揭示了我国先民在 7000 年前的房屋建造技术。

从建筑遗迹看，河姆渡先民建造的房屋基础是大致平行地先打下四排桩木。其中三排相互距离 3 米，另有一排桩木距离 1.3 米，可能是房屋的前廊走道，因此房屋的进深约 7 米。桩木直径多在 10 厘米左右，打入土中约 0.5 米。在每排桩木中有数根直径较大、间距大致相当的大桩木，打入生土 1 米左右。这几根大桩木应是主要的承重桩，在其上架设纵横交错的地龙骨（地梁）。桩木与地龙骨的交接节点的处理方法有两种：一是大桩木利用分杈的树木制成，地龙骨直接安放在树杈上，然后用绳索捆扎加固。另一种是采用先进的榫卯技术，通常是在大桩木的上端开凿长方形或凹形卯眼与地龙骨的榫头契合，这里的卯眼不是整个的，而是只有半个。然后在地龙骨之上铺设地板。地板长约 80 厘米~100 厘米、厚约 5 厘米~10 厘米。这便形成了居住面架空的住宅基座。从桩木残留的高度及文化堆积物的厚度等方面综合考察，基座高约 1 米。尔后在基座上再构筑屋

图⑮ 复原的干栏式建筑

图⑯ 仙坛庙遗址刻干栏式建筑图案器盖及其线图

架。考古发掘所见屋架构件有柱、梁、枋、檩等。而这些构件上，部分是挖凿有榫卯的。如柱头柱脚榫、梁头榫、带销钉孔的榫、"平身柱"的透卯、"转角柱"互成直角的卯等。从这些榫卯类型看，当时屋架结构上已较广泛地采用榫卯技术。房屋木构架结构，推测是沿进深的方向在架空的基座上先立四根柱子，中柱较高，约有3米，前后檐柱高约2.6米左右，外檐柱应更矮一些，柱上再架梁。这就构成了一组最简单的木构架。在平行的两组木构架之间，用枋联络柱子的上端，并在梁头和中柱上安置檩。檩本身还有联系构架的作用。这种由两组木构架形成的空间，建筑学上称为"间"。河姆渡先民在完成了屋架构造以后，紧接着便是敷椽，尔后用席箔和茅草盖屋顶。河姆渡先民的一幢房屋究竟是由几"间"房屋组成，目前还不能作出十分确定的回答。但从最长的一排桩木的长度看，长达23米还未见到尽头，如果每间房屋的面宽以3米计算，每幢房屋至少在7~8间以上，无疑是一种"长屋"。

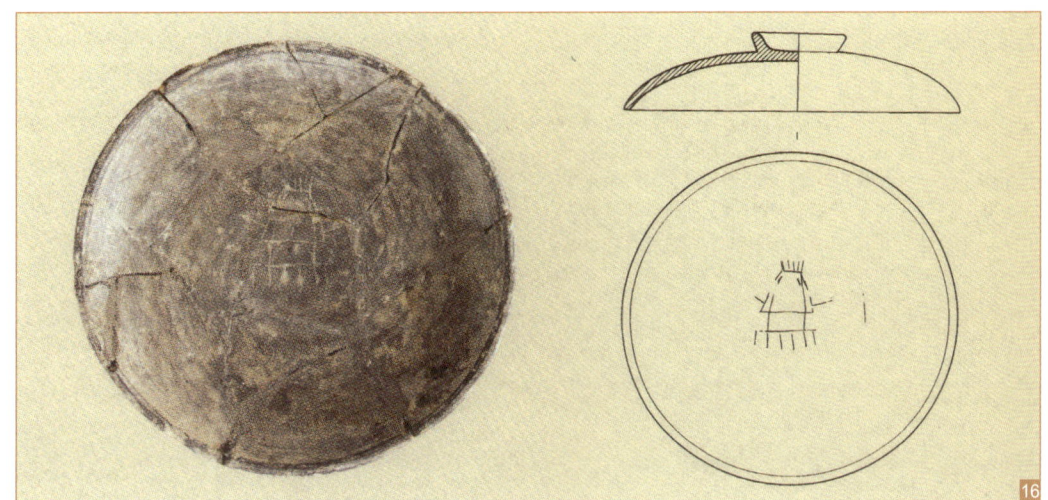

河姆渡文化的干栏式建筑由于用竹木等有机质搭建,十分容易腐朽,因此桩木以上部分的居住面及其屋架究竟如何我们已经不得而知。幸运的是,2003年海盐仙坛庙遗址发现一幅刻画在陶器上的干栏式房屋建筑图形,为我们认识这一类型的建筑提供了形象资料(如图16)。该房屋图案刻画于陶器盖内壁正中。图形下部为6根竖向短线,其上有一长横线,表示由每排6根的一组桩柱支撑着一个平台。由此可以确认为干栏类建筑。图案的上部有颇为斜陡的坡状屋顶,应是适应本地区多雨的气候。坡面都用密集的交叉出头的木棍压住。图案在屋顶靠近屋脊的表面两侧有细短的线纹,似乎表现了屋顶是由茅草或稻草类材料编结铺设而成。余杭下家山遗址发现一件良渚文化晚期残存屋顶部分模型。模型屋顶部分平面为长方形,整体作斜度较大的四面坡形式,每个坡面的上部各有一个气窗。脊上原来似也有数个向上的凸出物,惜已残断。屋顶表面遍布一种斜细线,非常生动形象地表现出屋顶是由某种细长的植物茎叶铺设的(如图17)。干栏式建筑自河姆渡先民发明以后一直流行于我国南方的少数民族地区及太平洋沿海岛屿上,可见其影响之深远。

建筑装饰是河姆渡先民营造干栏式房屋的最后阶段。提起

装饰,人们就会联想起到处都是雕梁画栋的北京故宫。其实雕梁画栋在河姆渡先民的住宅建筑中已有萌芽。从已发现的材料看,有两种装饰手法:一种是陶塑饰件,如五叶纹陶块,平面似马鞍,正面刻划有一盆五叶纹的植物。另一件塑成一头回首的小兽。从这些陶塑的大小、形态分析,可能是安置在建筑的某些重要部位的。另一种是木构件上的雕刻装饰。如在一块两头带有小榫的木板上刻有两个对称的双圆,在双圆两侧刻划有由直线和斜线组成的图案。在一块两头带有扁榫的木板上刻有大象纹。另一个木构件上,刻划有一个躯体壮硕的动物图案,可惜头部已残,难以辨别是什么动物了。这些木板一般一端或两端带榫头,可能是镶嵌在建筑显要部位上。

　　河姆渡先民的原始村落一般由多座干栏式长屋组成,为了保护村落内人和家畜安全,原始村落外围还修建了木寨墙。木寨墙由2至3排紧密排列打入土中的桩木组成,寨墙外有的还有河流环绕,共同组成村落外围防御设施(如图18)。为了进出方便,木寨墙上开若干个门,用木或竹做成寨门,便于随时开启和关闭。村外河道上修建独木桥,道路以桩木加固路基,有的甚至在桩木内加苇编或芦苇秆加固,路面铺设红烧土颗粒或小树枝、碎陶片等。

图⑰ 下家山遗址陶屋模型
图⑱ 田螺山遗址木寨墙和独木桥
图⑲ 傅家山打桩式干栏式建筑

　　河姆渡文化前后经历了将近1700余年的时间,在这段时间里,河姆渡先民的房屋建筑技术发生了很大的变化。在早期,房屋是栽桩干栏式建筑,它以一排排打入土中的桩木架空基座为特征,这种房屋居住面离地面有1米左右高度,人们上下房屋需要楼梯。河姆渡先民的楼梯是独木梯,分三级,每级都是横向砍到一定深度以后斜向劈掉,形似三角形的锯齿。下端砍削扁尖,以便插入地面防止上下独木梯时移动(如图20)。中期是挖坑栽柱干栏式建筑,一种是挖柱洞,柱子直接埋入,四周填泥土;另一种是挖好柱洞后底部垫木板,木柱立在木板上,这些木板是柱础的最初形态之一(如图21)。晚期已经演变为地面建筑,做法是先掏挖柱洞,柱洞内填入砂石、陶器碎片、红烧土等,层层填

实加固，使之形成倒置的"钢盔"一样的柱础，于其上立木柱（如图22）。也有先挖墙基槽，基槽内垫石块和泥土，然后在其上垒土砌墙，并且房屋内开始用土墙分隔出功能不同的区域。此时房子一般建在较干燥的山坡上，用竹木芦苇等为墙体筋骨，内外抹泥，地面经防潮处理，有的房屋内还挖了灶坑。看来，在这一千多年时间内，河姆渡先民的建筑技术发生了很大的变化。

图20 独木梯
图21 垫板后立柱
图22 红烧土柱坑

[三]

稻作农业的里程碑

稻是人类最早栽培和驯化的粮食作物之一，也是世界上最重要的粮食作物。全球 70 多亿人口中大概超过三分之一以稻米为主食。世界上的栽培稻有两种，一种是亚洲栽培稻，另一种是非洲栽培稻。亚洲栽培稻起源于亚洲的热带和亚热带地区，由多年生的亚洲普通野生稻栽培、驯化而来，世界各地栽培的稻谷大多是亚洲栽培稻。非洲栽培稻只见于西非西部的部分地区和中南美洲的一些地区。因此亚洲栽培水稻的起源地自然成为农学家关注的重点。

关于亚洲栽培稻的起源众说纷纭，争论的焦点集中在栽培稻的起源地、起源时间和稻种等方面。就起源地来说，有人认为是印度，中国及亚洲其他地区只是"第二中心地带"，他们的主要依据是印度不仅有普通野生稻，而且有很多野生稻的变种。我国的农学家认为中国的栽培稻起源于本地，但究竟起源于哪里意见不一。河姆渡文化大量稻谷遗存被发现以后，国内开始以考古发现的稻谷实物作为最重要依据，推测栽培稻起源地，先后提出了华南说、长江下游说、长江中游说、长江中下游说等多种假说。

至于栽培稻起源于何时，也是众说纷纭，意见很不一致。有的认为可能发轫于传说中的"神农时代"。有的学者认为栽培稻的历史可以追溯到一万年以前，即新石器时代早期。

在稻种问题上，争论也远远没有止息。有的学者断定华南地区的籼型野生稻是栽培稻的祖先，最早的栽培稻为籼稻，在栽培稻向北传播的过程中，分化出粳稻。也有人通过对巢湖地区野生稻的观察分析，提出长江流域是粳稻的起源地，而籼稻则可能起源于印度等南亚地区等等。关于栽培稻起源的探索虽然已有近一百年历史，但争论还在继续。由于 1973 年在河姆渡遗址发现了栽培稻，使这一问题的讨论有了新的内容并更加引向深入。

图① 河姆渡遗址出土的稻谷

早在旧石器时代晚期，原始人类在长期的采集和狩猎活动中，已逐渐积累并掌握了一些植物生长规律，发现有些植物的种子或块根等，在适宜的气候、水分、土壤中，能够萌芽、生长、结实和成熟。受此启发，原始人类慢慢地在居住地附近的一些适宜地方开始有意识地尝试进行人工照料并逐渐发展为栽培植物，于是就出现了最初的农业，社会也从此跨入了以生产食物为主的新时期——新石器时代。我国原始农业的起源，至少可追溯到一万多年以前，到了距今7000年左右，大江南北普遍已由原始的"刀耕火种"发展到较为发达的"锄耕"或"耜耕"农业阶段，人类的定居生活也更趋稳定。

河姆渡文化稻作遗存最丰富的无疑是河姆渡遗址，其次是田螺山遗址，其他遗址也有不少发现，表明稻米已经成为河姆渡先民的主食。河姆渡遗址两次发掘都发现棕褐色的有机质堆积分别与绿、黄、白、青灰色细砂土层层叠压的现象，多达十多层，被形象地称为"夹心饼干"层。这层"夹心饼干"厚度不一，薄一点的10多厘米，最厚的60多厘米，平均厚度在40~50厘米。主要包括芦苇茎叶、水稻茎叶、秕谷稻壳、木屑木片等。有的地方则是秕谷稻壳层层叠压。从稻秆稻叶到秕谷稻壳，出土时颜色鲜黄，保存犹新，外形完好，甚至颖壳上的隆脉和稃毛也清晰可辨（如图 2），有的稻谷还同枝叶共存，但出土以后瞬息之间即变为黑色（如图 3）。同时，在一些灰烬、灰土及烧焦的木屑残渣中，也到处可见炭化了的粒粒大米。在不少陶釜内底，常留有烧焦了的米粒或锅巴（如图 4）。在夹炭陶片的陶胎中，也能看到一颗颗谷壳形状。先民还把稻穗纹刻划在陶盆腹壁，一株稻穗居中，直立向上，沉甸甸的稻谷向两边下垂，旁边刻猪纹（大部分已不见），是当时较为发达的稻作农业和家畜饲养业的真实写照（如图 5）。田螺山遗址也发现了棕褐色的由水稻茎叶、秕谷稻壳、木屑木片等有机质组成的"夹心饼干"状堆积（如图 6）。比较有意思的是，遗址中发现多处呈锅底形谷壳堆积，面积一般在 1 平方米以下，厚 2 厘米~10 厘米，是稻谷脱壳后的废弃物。完整的稻谷数量比河姆渡遗址少，但是去了壳的米粒发现数量很多（如图 7）。鲻山、童家岙和傅家岙遗址也是以米粒为主，带壳的稻谷发现比较少。

河姆渡文化发现的稻谷之多，保存之完好，色泽之新鲜，是以往新石器时代遗址中所没有见过的，引起了考古学家和农学家们的极大兴趣。但究竟是栽培稻，还是属于野生稻，是农学家首先碰到的问题。

栽培稻是由普通野生稻驯化而来的。普通野生稻谷粒瘦小细长，粒重不到栽培稻的一半。河姆渡文化发现的稻谷谷粒长而大，粒重远远超过普通野生稻。普通野生稻谷粒成熟后会自然掉落，往往是早成熟的谷粒已经掉落，而有些还是未成熟的秕谷。栽培稻都是挑选植株粗壮，谷粒饱满，成熟期比较一致的普通野生稻进行人工栽培，而且是未自然掉落前收割。在这种长期人工选择和自然环境的共同影响下，栽培稻的性状不断发生变异，植株也由小变大。反映在花粉个体中，栽培稻的花粉个体一般要比野生的花粉个体大一些。虽然目前还不能在两者之间划出严格的界线，但从河姆渡花粉谱中出现的禾本科植物花粉

图② 保存完好的稻谷
图③ 色泽新鲜的稻谷和稻叶
图④ 带锅巴的陶片
图⑤ 稻穗纹盆
图⑥ 田螺山遗址夹心饼干状稻谷堆积层
图⑦ 田螺山遗址炭化米粒

稻作农业的里程碑

粒直径一般都在 30 微米左右，最大的可达 49.48 微米，由此可推断，其中大多数无疑是人工栽培的稻谷。如果稻谷是采集的，也只会收割其稻穗，不会连根、茎、叶一起获取。河姆渡文化地层内发现的稻谷，往往跟稻秆、稻叶等堆积在一起，无疑是栽培稻的又一证据。

河姆渡文化出土的稻谷被肯定为栽培稻之后，还要确定其是籼稻还是粳稻。籼稻和粳稻在形态和生理上有一系列可资区别的依据，如稻谷的粒形、稃毛、粒色、叶片形状、分蘖力强弱等等。河姆渡文化出土的稻谷因年代久远，许多检测方法已不适用，只能凭稻谷的外形和颖壳上稃毛的分布规律进行鉴定。农学家们认为谷粒外形鉴定的正确度是很高的，是区分籼稻和粳稻的重要依据，方法是通过测量稻谷的粒长和粒宽以及长宽比例加以区别。粳稻的长宽比在 1.6~2.3 之间，一般都在 2 以下；籼稻的长宽比在 2~3 之间，一般都在 2 以上。河姆渡文化的稻谷，直观的感觉有两种，一种颗粒较小，一种颗粒较大。颗粒较小的一类稻谷的长宽比为 2.71；颗粒较大的一类稻谷，它的长宽比为 2.53，平均值为 2.62，符合籼稻的长宽比。其次，还可以从稻谷颖壳上稃毛的分布规律来区分籼稻和粳稻。通常的情况是，籼稻颖壳上的稃毛分布均匀，排列整齐，长短较一致。粳稻颖壳上的稃毛多集中在颖壳的上半部，下半部稀疏，分布不均匀，长短也不整齐。河姆渡文化稻谷保存完好，内外颖清晰可分，内外颖上纵脉隆起明显，颖壳上的稃毛分布均匀，排列较整齐，长短一致，比较符合籼稻稃毛的特征。进一步对粒形完整的稻谷进行测量鉴定，肯定了河姆渡稻谷是栽培稻，不仅有籼稻，而且还有粳稻，其中以籼稻为主，占 60.32%，粳稻占 39.68%。不论是籼或粳，粒形长宽变幅都很大，并且有少量似籼似粳的中间类型存在，说明是一个比较原始的籼粳杂合群体。

大家知道，栽培稻是从普通野生稻演化而来的，是人工长期培植的结果。如果当时当地没有野生稻,要人工培育出栽培稻,那是不可能的。那么长江下游有没有野生稻呢?现在,这一地区由于长期的开发,野生稻被视为草芥,不断被清除,已经很难找到它的踪迹了。汤圣祥、佐藤洋一郎、俞为洁等人利用电镜扫描技术对河姆渡炭化稻谷进行亚微结构的研究,在105粒稻谷中发现4粒普通野生稻炭化谷粒,看来先民在人工栽培水稻的同时也采集野生稻谷,从而有力地证明了距今7000年前的宁波地区生长有普通野生稻,这无疑为居住在本地区的原始居民驯化野生稻提供了先决条件。目前我们浙江发现的年代上早于河姆渡文化的稻作遗存有浦江上山、嵊州小黄山,都有一万年以上的历史,从而把我省稻作农业的上限推前到一万多年以前的新石器时代早期,为长江下游是我国栽培稻的起源地之一提供了有力的证据。日本农业科学工作者用酚酶同功酶电泳法研究亚洲各地水稻品种的分布和演变,研究结果证明我国西南和江南地区是水稻品种的变异中心。这从现代科学层面再次证明了包括宁波所在的长江下游是我国栽培稻的起源地之一。

河姆渡文化发现的生产工具数量众多、器形丰富,按质料可分为石质、骨质、陶质和木质等,器形有石斧、石锛、石凿、石磨盘、石磨棒、石刀、骨耜、骨镞、骨哨、骨鱼镖、陶纺轮、陶拍、陶臼、木点种棒、木耜、木杵、木磨盘、木磨棒等等,其中骨耜、木耜、木点种棒、石刀等是当时专用的农业生产工具。

骨耜是河姆渡文化的典型器物之一,已经发现200多件。多取材于牛、鹿等大型偶蹄类哺乳类动物的肩胛骨,外形基本保留了肩胛骨的自然形态,加工简单,削去肩胛棘的突出部分,错磨平肩臼的顶端。由于长期使用摩擦,表面都显得十分光滑和有光泽,刃部附近肉眼可见大量使用摩擦条痕。骨耜正面挖凿一道纵向浅槽,纵槽下部两侧各凿一长圆形孔,肩臼的两侧砍削平直,有的横穿一长方形的銎,这些长方形銎和长圆形孔的周缘

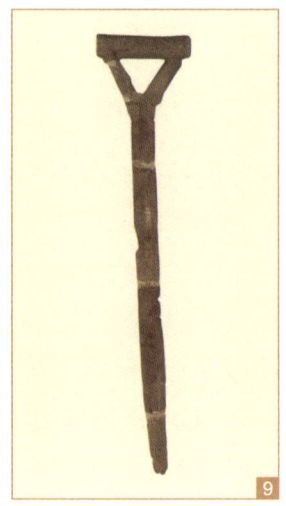

均有绳索长期捆勒的痕迹。河姆渡和田螺山遗址发现了捆扎多圈藤条和保留了一小段残木柄的骨耜，表明使用时安装的是竖向木柄（如图8）。木柄的下端一面削斜，以与骨耜的浅槽吻合，同时在长方銎和长圆孔两处捆绑固定，木柄的上部透雕出三角形孔或加工成T形（如图9），是为了操作方便和省力。复原后的骨耜形似现代南方地区仍在使用的铁铲。

　　骨耜自发现以来，就引起了考古学界和农史学界的高度重视，目前对其用途仍有不同看法。河姆渡文化骨耜依下端形状不同，大致分成分叉的双齿型、斜刃和平刃三种。国外民族学资料中，把动物肩胛骨加工成类似河姆渡文化双齿型骨耜的形状，以处理动物皮毛。考古工作者用现代水牛肩胛骨仿制双齿型骨耜，并用其处理动物皮毛和植物纤维后观察留下微痕，再与河姆渡文化双齿型骨耜上留下的使用痕迹相对照，肯定了双齿型骨耜是加工皮毛或植物纤维的工具。骨料厚重的双齿型骨耜除了利用分叉部位加工皮毛外，双齿前端皆磨出单面刃，与斜刃和平刃骨耜一样也有长时间使用的细密摩擦痕迹。考古工作者用现代水牛肩胛骨仿制"骨耜"进行了一系列试验，如用其铲除生长在水塘沼泽的芦苇、杂草和挖掘刚收割后的水稻田土（如图10），以及遗址内的表土、文化层、青灰色淤泥等，并与石质仿

图⑧ 带柄骨耜
图⑨ 骨耜木柄
图⑩ 骨耜翻耕水稻田实验
图⑪ 点种棒

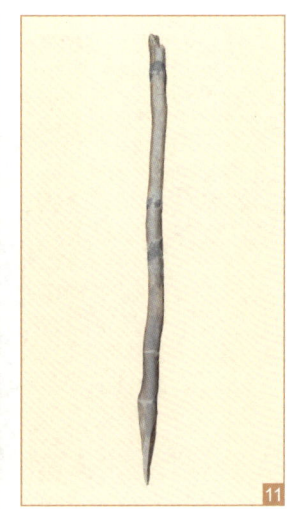

制工具进行了对比。结果表明以前的争论和担心都是多余的：水牛肩胛骨并不像我们原先认为的那么脆弱，经不起挖几下，只要不是碰到十分坚硬的东西，譬如石头等，用来铲除芦苇杂草或挖掘泥土是绰绰有余的；用仿制的"骨耜"挖掘泡水后的现代水稻田土，效率明显要高于含水量较少的泥土，在挖掘比较坚硬的泥土时用脚踩踏"骨耜"修整光滑的肩臼部位能明显提高刺破土壤的深度和效率；双齿刃和斜刃在挖土时不如器形短小、刃部狭窄而平的平刃"骨耜"好使和顺手。

我国古代文献中不乏关于耒耜的记载，如"神农之世，斫木为耜，揉木为耒"，"古者剡耜而耕，摩蜃而耨"，"耜之长，自本至末尺有一寸，其本广五寸，本有錊，以受耒者也"等等。这些记载，讲得都很明白，耒和耜都是木制的，用于农作，是我国古代一种复合型农业生产工具。河姆渡文化骨耜的出土更进一步证明了我国古代确实存在过一个用耒耜来耕作的农业阶段，制作的材料不限于木材，还有动物骨。田螺山和慈湖遗址都发现一种尖头木棒，大小正好手握，长60~80厘米，一端削尖，考古工作者称其为点种棒，可能就是古代的"耒"（如图11），是点种挖穴的农具。

那么，距今7000年前的河姆渡先民是如何栽培水稻的呢？

河姆渡和田螺山遗址都进行过古水稻田调查钻探，田螺山遗址还发掘了1000多平方米古稻田遗迹。调查钻探表明，古稻田紧邻原始村落，处于低洼的湖泊沼泽边缘，每个原始村落的稻田面积在100亩上下。那时种植水稻还没有出现像现今一样的田块以及相应的配套水利灌溉设施，是利用湖泊沼泽地带比较平坦的滩涂种植水稻。种植水稻之前，河姆渡先民用骨耜铲除田间的芦苇杂草、平整土地、翻耕农田等，同时也用它来开沟、挖坑等。河姆渡先民的"耜耕"仅限于平整农田以及清除田间的杂草，实际翻耕的土地面积恐怕十分有限。到了河姆渡文化晚期阶段，木耜取代骨耜成为主要耕作农具。木耜是仿照骨耜形状制作的，其安柄方法和骨耜相同，用途也一致。

水稻的田间管理比北方的旱作复杂得多。水稻是一种喜水性作物，既要及时地灌水，又得注意泄洪排涝。此外，还要适时地耘田除草。待到收获季节来临，河姆渡先民很可能为祈求丰收举行一些宗教祭祀活动。因为在原始社会，生产力水平还是低下的，人们对大自然的各种现象还不理解，希望通过超自然的力量来支配自然。河姆渡文化发现的稻谷堆积层是由稻谷、谷壳、稻秆和稻叶等堆积而成，推测先民是在稻穗根部用镰或刀割下的。出土文物中有一种带锯齿的骨器，称为锯齿状器、锯形器、

图⑫ 田螺山遗址水稻田
图⑬ 木耜
图⑭ 左为河姆渡先民收割稻穗的情境还原，与右图菲律宾潘特库族人割稻情形具有相似性

镰形器等,都是根据其形状命名的。全器微弧,前端或尖或圆,后端多残损,下侧磨有距离基本相等的锯齿,锯齿多向后端略斜(如图15)。由于其器形与后代的镰比较相近,很容易被认为是收割稻谷的工具。这多少有点以今论古之嫌,在一些民族地区,这种"骨镰"可能是原始的揉革工具。那么河姆渡先民又是利用什么工具收割水稻的呢?河姆渡文化发现多件扁平长方形石刀,转角圆钝,2个对钻圆孔,双面平刃,整器磨制精细,可惜都不是完整器(如图16)。使用时在孔中穿上绳索,然后套在手指上,以掐取稻穗。由于石刀长时使用使得刃口变钝,有时掐取稻穗时难免会连根带秆,这就是稻谷堆积层中夹杂稻秆和稻叶等的原因。这种石刀就是古代铚的前身。《小尔雅·广物》说:"禾穗谓之颖,截颖谓之铚。"另外,河姆渡文化中还有利用猪獠牙碎片加工的刀形器,对剖的獠牙片外弧一侧磨出单面刃,器形均较短小,绑上小木柄,估计也能收割水稻(如图17)。

从上述河姆渡先民种植水稻的过程以及水稻遗迹看,耕作技术已比较进步,种植水稻的数量也相当可观,产量已远远不是初级农业阶段所能比拟的,他们必定已初步掌握了农时、季节。由此,我们可以相信,河姆渡先民在长期稻作经验的基础上,无疑已掌握了原始的天文学知识,从而也促进了河姆渡原始农业

的发展。生产工具的发展是衡量社会生产力发展的客观尺度,是人类改造自然能力的显著标志之一。河姆渡先民已普遍使用骨耜、木耜耕作,用骨、石、蚌制作工具收割稻穗,标志着当时的稻作农业已脱离原始的"刀耕火种"阶段,而进入到"耜耕农业"阶段。

图⑮ 骨锯齿状器
图⑯ 用于收割稻穗的石刀
图⑰ 用野猪獠牙加工的刀形器

【四】

驯养狗猪为家畜

家畜是由同类野生动物驯化而来的。然而，动物的驯化并不是一件轻而易举的事情，首先必须将野生动物驯服。驯服动物是指将那些原是野生的、不可控的动物变成受人类的控制并对人服从。当那些野生动物被驯服受人类控制以后，还要经历漫长的驯化过程，目的是去其野性，适应家养的环境，并不断地进行选种和配种才能使家畜繁殖起来。人类在长期的动物驯化过程中发现，并不是所有驯服的动物都适合家养成为家畜，原因是许多动物一经人工饲养后就失去了繁殖后代能力，只有少数几种被驯服后经过人类的选种、配种而生出的新种动物，可以永远为人类服务。饲养家畜的出现，与栽培谷物的出现一样，被誉为人类历史上又一具有划时代意义的重大发明。

　　那么动物的驯养究竟是怎样开始的呢？人类社会刚开始时，我们祖先的生活极其艰难困苦，他们过着居无定所的游猎和采集生活。他们只知道打猎、捕鱼和采集野生瓜果、挖掘块根和掏鸟蛋等为食。在长期的狩猎活动中，人们的狩猎经验不断积累，捕猎到的动物数量也越来越多。有时候，猎获的野兽数量很多，一下子吃不完，就将一部分轻伤、没有受伤的野兽或其兽仔暂时喂养起来。渐渐地人们发现有些动物跟人类比较亲近，容易驯服、饲养，人们在饲养过程中有意识地进行选种和配种，就这样，年复一年，一代传一代，也不知经过了多少岁月，家畜终于问世了。

　　河姆渡文化遗址发现的动物遗骸的数量、种类是惊人的。经初步分类、统计，有灵长目、偶蹄目、长鼻目、食肉目、啮齿目、鳞甲目以及鸟类、爬行类、鱼类等61个种属。大部分是哺乳类动物，常见的有狗、猪、牛、鹿、猴等，还有少见的犀牛、大象等。在这些动物中，家养的是狗和猪。

　　一般认为，狗是人类最早驯养的动物之一，早在旧石器时代就开始饲养。狗的祖先是狼，狼的足迹遍布亚、非、欧、美各大

图① 河姆渡遗址出土的完整的狗头骨

洲，是猎人们经常遇到的，人们有较多的机会趁母狼和公狼不在的时候，把狼崽子抱回住地喂养。当然，狼驯化为狗并不是一朝一夕可以成功的。首先要把它驯服，改变其凶残的本性，使它变得温顺，同时必须保持和发展狼的机警、灵巧、敏锐的习性和善于奔跑、追逐的本领。要达到这一目的，人们必须对已驯养的狗进行选择和配种并进行长时间的训练。狼虽然是狗的祖先，但由于时代久远了，它们之间在形态、骨骼和习性上都有明显的区别。狼的肌肉、骨骼强壮，头骨较为窄长，特别是上牙床上的犬齿特别发达锐利。而狗在人们的驯养下，活动范围小了，肌肉和骨骼退化而不及狼强健，头骨的前端较短，吻部显得宽阔，上肉裂齿和犬齿也逐渐退化，不及狼那么粗壮锐利，食性由肉食变为杂食。

河姆渡文化遗址发现狗的完整头骨 10 多个，个体都比较小，鼻骨近端明显凹陷，听泡多小而扁平，后鼻嵴后缘通常是光滑的，矢状嵴退化，枕嵴不向下后弯曲，下颌下缘呈微弧形，上肉裂齿和犬齿较弱。这些形态特征显然与狼有明显的区别，而接近于现代家狗，说明河姆渡先民已经饲养家狗。更有说服力的是，在居住地内发现大量狗粪，狗粪内肉眼可见大量碎小动物骨骼，可辨认的主要是一些鱼骨。这进一步证明河姆渡先民已经养狗，否则在居住地发现狗粪是不可思议的。

　　河姆渡先民饲养狗的目的，首先是当先民遭受灾害，粮食歉收，青黄不接，生活艰难的时候，人们杀狗充饥，起到"储备粮"的作用；其次，河姆渡先民生活时期，村落周围森林茂密，平原地区湖泊沼泽遍布，各种野生动物众多，是河姆渡先民的"天然猎场"，狗则是人们狩猎时的"随从"和"助手"；再者，河姆渡先民在村落周围的湖沼边缘开辟了大片农田，种植水稻，鸟和野兽的出没可能使农田遭到毁灭性的破坏，尤其是收获季节来临时，人们特别警惕，狗于是成为人们守护庄稼的得力助手；最后，河姆渡先民为了避免猛兽蛇虫的危害，村落周围用桩木做成寨墙围护，人类又高踞于"干栏式"住宅之上，在防备猛兽的突然袭击时，狗又成了他们忠诚的"卫士"。

　　猪是继狗之后驯养的家畜。据研究，家猪的起源可能是多中心的，各地的家猪一般都是由本地野猪驯化而来。如欧洲家猪是由欧洲野猪驯化来的，亚洲家猪是由亚洲野猪驯化来的。我国华北地区的家猪与华北地区的野猪相似，华南地区的家猪与华南地区的野猪相似，表明我国的家猪是远古居民直接由当地的野猪驯化来的。

　　河姆渡文化出土了许多猪科动物骨骼，分为家猪和野猪两种。野猪一般生活在山林草莽和沼泽地带，它们到处奔跑，身躯狭窄，四肢长，行动灵活。又因觅食、掘巢、拱土，嘴长而有力，头部伸直，前躯发达。前躯和后躯的比例约为 7 : 3，犬齿发达。现代家猪在长期人工喂养下，头部退化，吻部变短，后躯发达，腰背长宽平直，前躯和后躯的比例约为 3 : 7，四肢变得短而细，行动不灵敏，犬齿退化。河姆渡文化遗址出土野猪骨骼数量很多，完整头骨的特点是吻部较长，额部低平，复杂的臼齿，粗壮的犬齿。家猪骨骼多比较破碎不完整，特征是吻部短，额部较宽，颧弓略向外倾斜，面颊处凹陷较深，泪骨近似三角形，两者在骨

图⑤ 猪纹方钵
图④ 陶塑猪
图③ 河姆渡遗址出土的家猪下颌骨
图② 河姆渡遗址出土的狗粪

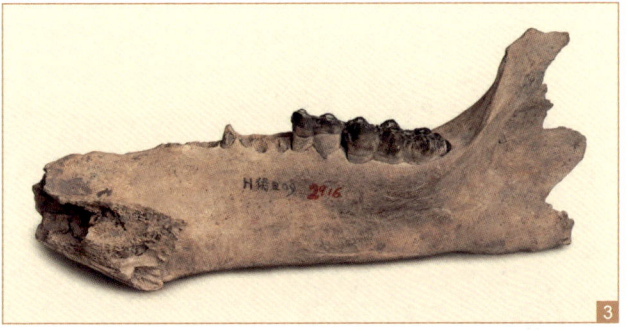

骼形态上已经有了明显的区别。根据牙齿的磨蚀情况判断，成年猪数量占绝对优势，其次是幼年的，老年个体的数量最少。一般来说，动物在接近成熟时体重达到稳定的最大值，此时宰杀能够最大限度地获取肉食，因此驯化动物在死亡年龄结构上通常表现为青年个体的数量占绝对优势。河姆渡文化遗址所出土猪的遗骸中少年和成年个体占大多数，说明这些猪很可能是人工养肥后宰杀食用。

河姆渡文化遗址所出土一件十分引人注目、逗人喜爱的陶塑小猪，小陶猪吻短，腹部略显肥胖下垂，四肢短而粗，前躯和后躯比例约为1∶1，介于野猪和现代家猪之间，这无疑是河姆渡先民饲养的原始家猪形象，是河姆渡先民养猪的一个重要证据（如图4）。另外，有一件圆角长方钵，器表打磨光亮，长边两侧各刻一只猪纹图案，长嘴，竖耳，高腿，短尾，粗鬃，腹部略下垂，形象逼真（如图5）。另一件龟背形陶盉的上腹部刻画6只动物图案，其中5只为猪纹，皆作长吻，竖耳，细高腿，长尾，粗鬃，腹

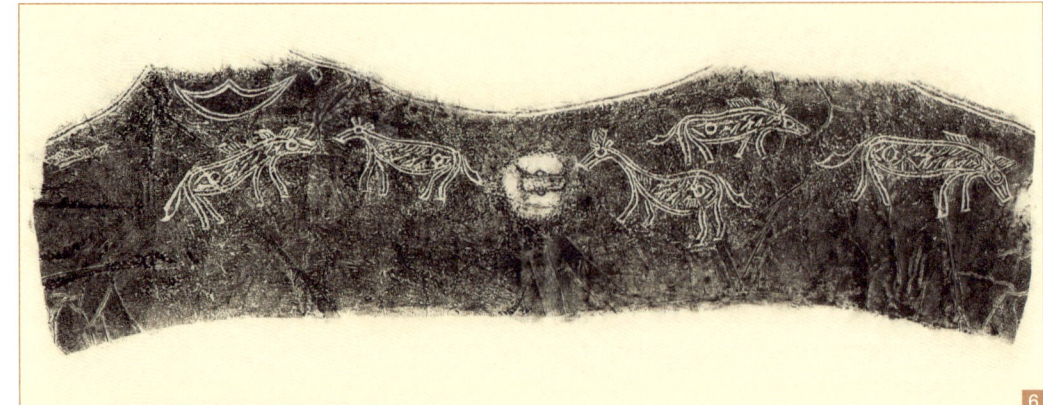

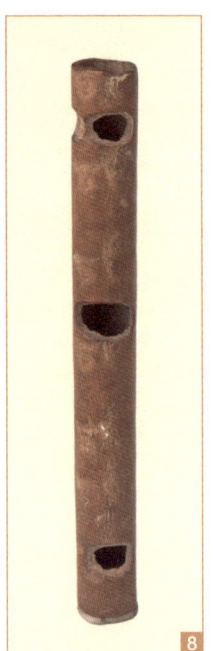

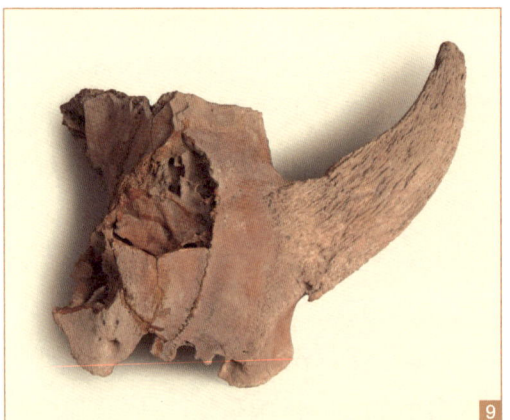

部瘦长，外形比较接近野猪（如图6）。

除了狗、猪外，河姆渡先民当时是否已驯服或者驯养其他动物呢？从出土的骨骼形态上去对比，证据是不充足的。然而，值得注意的是，鹿类骨骼出土的数量相当多，其中仅河姆渡遗址一处出土的四不像的角就有500余件，但完整的角仅有1件，另一特点是非自然脱落的和年轻个体较多（如图7）。考虑到这些因素，以及四不像在许多新石器时代遗址中都有大量发现，而且在历史时期曾被驯养，或许我们可以大胆地设想这种动物被驯养的时代可以追溯到新石器时代。此外，还发现不少骨哨，其中一些骨哨是可以吹出声音的。骨哨是否用于狩猎或与驯养动物有关，譬如驯养四不像之类的动物，考古学家、艺术家对此兴趣很大，并正在讨论和研究之中。

河姆渡文化出土了一些水牛骨骼，其中较完整的头骨有16件，古动物学家根据角和头骨的形状判定为圣水牛。这些圣水牛以前认为是世界上最早的家养水牛。但最新的研究成果告诉我们，浙江的跨湖桥、河姆渡和罗家角等遗址出土的圣水牛都是野生的，是先民狩猎所得。现在的家养水牛是由南亚野生沼泽水牛驯化而来，与圣水牛在形态上有着比较明显的区别。河姆渡文化中圣水牛的死亡年龄结构也与驯化品种不同，甚至在整个新石器时代一直保持这种状态，没有显示出驯化的特征。河姆渡文化的圣水牛虽然不是家畜，但是它们体形庞大，且性情温顺，先民将它稍加驯化后驱入农田，践踏泥土，以达到除草、翻土的效果，也是极有可能的事。

另外，河姆渡文化出土一只陶塑的小羊。陶羊头部小，颈项粗短，四肢较矮，体态肥宽而略显长。陶羊虽小，但形象逼真，十分惹人喜爱（如图10）。这些特征很自然让人们联想到家羊，并把它作为河姆渡先民养羊的证据。只是羊的骨骼发现数量很少，都不完整，因此很难判断是否为家养。

图6 龟形陶盉拓片
图7 河姆渡遗址出土的鹿角
图8 三孔骨哨
图9 圣水牛头骨
图10 小陶羊

【五】

采集和渔猎

七千年前的河姆渡先民早已告别茹毛饮血的时代,过着比较稳定的定居生活,稻作农业已经发展到发达的耜耕农业阶段。但是,受生产力发展水平的限制,人们对自然灾害的抵御能力极差,稻作农业的产量很低,一旦遇到各种自然灾害收成更是得不到保障,因此必定要有其他的经济活动来补充其不足,这就是采集经济和渔猎经济。

采集依然是河姆渡先民获取食物的重要手段之一。考古发掘时经常发现很多植物的果实、果核、树籽、菌类和软体动物外壳等,这些遗物种类多,数量大,有的是成堆成坑发现的,最多的一堆达数百斤以上。它们保存得也很好,许多橡子和蒂头连在一起,甚至在新鲜时都很不容易保存的菌类也仍不失其原有的外形。

河姆渡文化发现的食用植物很多,主要品种有橡子、菱角、酸枣和芡实、槐树子、薏仁等,其中以橡子、菱角和芡实等富有淀粉的果籽食物为最多。橡子和菱角出土时往往成坑成堆,有的完整,有的已是碎壳,应当是人们采集后储存或食用后丢弃形成的。小葫芦出土时呈鲜黄色,估计有些是野生采集的,有些是人工栽培的。这些葫芦都比较小,皮比较厚实,成熟以后晾晒干,还能做成瓢一类盛器。发现的樟科树叶数量也很多,有一个陶罐内装满了樟树叶,但遗址内樟树孢粉含量极少,表明它们生长的地方离居住地很远,显然是人们采集带回来的。樟科植物中的不少种类是药用植物,当时的居民是否已经懂得用它来驱虫防病,这是值得进一步探讨的。已故哈佛大学教授张光直先生曾称河姆渡遗址是"富裕的食物采集文化",这为农业的起源和发展准备了条件。美国学者索尔先生曾提出:"农业并不起源于食物的长期匮乏,在饥荒的阴影之下生活的人们没有办法、也没有时间来从事那种漫长而悠闲的试验,以便在相当遥远的未来,发展出一种较好的而不同的食物来,以选择的方法改进植物

图① 保存完好的橡子
图② 菱角
图③ 芡实
图④ 整坑的橡子
图⑤ 葫芦籽皮
图⑥ 色彩艳丽的树叶

采集和渔猎

以对人类更为有用，只有在饥馑的水平线上有相当大的余地来生活的人们才能达到的。"河姆渡先民正是在长期的采集活动中，熟悉并掌握了一些植物的生长规律，尝试着将它栽培，稻作农业也正是在这样的情况下产生的。总的来说，河姆渡先民采集的植物种类有橡子、芡实、菱角、猕猴桃属、柿属、南酸枣、悬钩子、葫芦、甜瓜、荇菜、野生稻等。但从发现的数量上统计分析，先民主要和重点采集的是橡子、菱角、芡实三种，其余的都比较少见或罕见。

　　采集活动范围小，体力消耗不大，因此挖野菜、采蘑菇、掘地下块根（茎）等一般都由妇女、儿童来承担。然而当我们再来考察出土的这些植物果实时便会发现，先民重点采集的橡子、酸枣、菱角，与人工栽培的水稻几乎都是同一时间成熟，而且有的果实收获期很短，如菱角在夏季成熟以后，在水里最多只能待十天左右，若不及时采摘，则会沉入水底。橡子从成熟到落下大约也只有1~3周时间，而且采集的时间集中在8月到10月，此时正是水稻收获季节。这时若与平时一样只靠妇女、儿童的力量是远远不够的，往往要发动全村男女老少一起参加。浩浩荡荡的采摘队伍，有的手提用芦苇编结的篮子，有的拎着穿上绳索的陶罐，分成几路，一路上山，另一路则赶往稻田收获稻谷。丰收的果实源源不断地被运回居住地，大家忘记了疲劳，人人脸上都洋溢着喜悦的神情，孩子们更是欢腾雀跃。为了能使这些果实长时间保存，天气晴朗的日子，人们把它们放在苇席上或向阳的屋檐下晾晒，干燥之后储存在陶罐和陶盆内，或者挖坑，底下铺上苇席等存放橡子等果实，上面再以苇席覆盖，功能类似于今天的窖藏。如田螺山遗址有一个橡子坑，考古工作者仅取出了其中的三分之一，就足足装了两大水桶。

　　渔猎是一种自然经济，历史悠久。在遥远的旧石器时代，它

图⑦ 数量巨大的破碎动物骨

曾经是人类赖以生存的命根子。到了7000年前，人们对渔猎已经积累了极为丰富的经验，作为对农业经济的重要补充，渔猎仍然是十分必要的。河姆渡文化早期地层中各种动物遗骸多破碎散乱地分布在居住区周围，数量多得能以吨计，是先民敲骨吸髓后随便抛弃的，当然其中也包括了制作骨器时留下的废片。河姆渡遗址出土的动物遗骸经过不完全统计鉴定达61个种属，无脊椎动物仅3种，脊椎动物有58种，包括鸟类、爬行类、鱼类及哺乳类，其中尤以哺乳类种类最多，占34个种属。上述动物当然并非全都是当时渔猎所得的食用动物，也不是当时所食用的野生动物全部。田螺山遗址的动物骨骼保存情况也比较好，有野猪、家猪、圣水牛、四不像、水鹿、梅花鹿、黄鼬、獐、狗、獾、花面狸、青鼬、水獭、猴、大小灵猫、黑熊和豹等多种，基本上在河姆渡遗址出土动物遗骸中都能见到。从动物遗骸数量上看，先民的肉食来源主要是水生动物。考古发掘出土的鱼类、龟鳖类等水

生动物的遗骸之多，不胜细数，个体更无法全部区分统计。而金枪鱼、鲨鱼、鲸、海龟等海产遗骸的发现，则进一步证明了渔猎业的发达及渔业在肉食中的重要地位。田螺山和鲻山遗址发掘中经常发现层层叠压的成片鱼鳞，一些木炭屑底部成片分布了鱼刺，还有大大小小鱼骨坑。其中一个长80厘米、宽60厘米、深40厘米的灰坑内出土了整整一满坑鱼骨，根据对其中的咽齿骨鉴定统计，共有1500多条长35厘米~45厘米，以鲫鱼为主的鲤鱼科鱼类。数量上占第二位的是四不像、梅花鹿一类野生食草动物，栖居森林的兽类，在总数上所占比例并不多，如按漫长岁月平均，数目就更少了。从标本鉴定发现，对一些凶猛、善跑或身躯庞大的动物，在捕猎能力不强的条件下，估计一是强中捕弱，二是选择反抗力弱、数量多、行动成群的动物作为捕猎对象。总之，当时河姆渡先民的肉食来源，主要是下水捕捞，其次是草原狩猎活动，上山打老虎则是偶尔为之。

那么河姆渡先民是用什么工具渔猎的呢？河姆渡先民的渔猎工具数量众多，种类有骨镞、骨哨、骨鱼镖、弓、木矛、木棍棒等，石球、陶弹丸、石弹丸等也可以用于狩猎。

弓箭是河姆渡先民最常使用的狩猎工具之一。弓箭是一种复合工具，由弓和箭两部分共同配合组成。弓一般由木头制成，

图⑧ 河姆渡文化遗址出土的数量巨大的鱼脊椎骨

图⑨ 河姆渡遗址出土的成坑鱼骨

发现的一件断木弓,木质坚硬,大拇指粗细,大致呈断面方形的长木条,略弯曲,一端已断,另一端完好,加工有一周凹槽,用于绑扎弓弦。弓弦材料可能是动物的筋或植物的藤之类。弓箭比起其他原始工具具有射程远、速度快、命中率高的优点,它的发明和使用,延长了人类的手臂,使远在几十米甚至上百米外的猎物变得可望而又可及。

箭则由箭头和箭杆组成。河姆渡文化发现许多圆形小木棍,其中也许有箭杆。

箭头大多数是用动物骨制作,称为骨镞,是一种易消耗工具,所以制作得特别多,是出土文物中数量最多的一种器物。以河姆渡遗址为例,6700余件出土文物中,骨镞共有1780件;田螺山淘洗了全部文化层泥土,骨镞数量更多,几乎占全部出土文物的一半以上。这些骨镞一般长10厘米左右,少数只有5~6厘米,个别长达15厘米以上。根据不同材料和需要,外形大体制作成三种形状:

第一种如扁薄柳树叶形,加工简单,数量最多,使用时直接将骨镞的一端插入箭杆,它的特点是锋尖异常锐利,能穿皮肉入筋骨,杀伤力大(如图10)。第二类斜铤形,铤部削磨成较长斜面,常刻一道道浅槽,以便于和削成相应角度的箭杆捆合,两

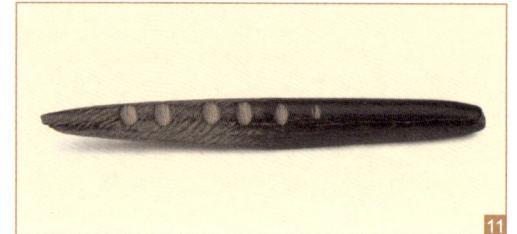

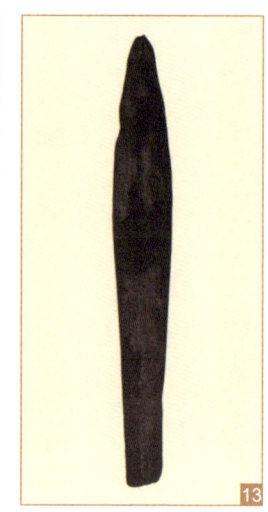

图⑩ 柳叶形铤镞
图⑪ 斜铤式镞
图⑫ 圆柱形铤镞
图⑬ 木矛
图⑭ 骨哨
图⑮ 插骨棒的骨哨

者浑然一体，使用起来阻力小、重心稳、速度快，可以射得比较准（如图11）。第三类锋铤皆呈圆锥形，锋有锐、钝之分（如图12）。一般为了射杀野兽，箭头总是做得越尖越好，为什么有些箭头要有意识地将前锋做得又圆又钝呢？原来，用这种箭头的优点在于可致猎获对象内伤，而不损皮毛或少损皮毛。钝锋的数量在箭头总数中所占比例不大，这说明，在大多数场合还是使用前锋尖锐的箭头，特殊情况才用钝锋。那么什么是"特殊情况"呢？比如，所要猎取的对象是一只具有美丽羽毛的鸟，或有漂亮细毛的小兽，猎取它的目的是要取用其羽毛或外皮，需保证皮毛完好无伤并免于血污，就用这种箭头。据说现今我国华南地区一些地方的猎民为了同样目的，也采用这种方法。

木矛数量不多，由硬木制成，器身修长，矛锋长而锐利。为了便于捆绑，木矛尾部削小，有的还刻有凹槽。使用的时候一般是捆绑木柄后直接投射，也有可能配合弓箭一起使用（如图13）。矛除了用树木制作外，还有一些用动物骨制作。

骨哨出土数量很多，仅次于骨镞，至今已发现100余件。骨哨制作简单，只要截取雁、鸭等禽鸟类肢骨中段，而后在砺石上磨几个小孔即成（如图14）。一般两端各一孔，也有少数一孔或三孔、四孔等。还有用中空的野猪獠牙做的哨，甚至有用较小的

动物牙做的,制作时把牙根一端钻空,然后错磨哨孔。为了能使吹出的声音更富有变化,一位特别聪明的河姆渡先民还在哨腔中插入一根骨棒,吹奏时只要有节奏地拉动骨棒,就能使骨哨发出不同的音律(如图15)。不过大多数骨哨需用手指在小孔上一按一放,也可以吹出不同声响。过去有人认为,这是孩童吹着玩的,也有人认为是乐器(笛子),最近有人根据使用磨蚀痕迹,认为是原始纺织机上的分经工具。按我们现代人的经验判断,骨哨应该是人们的娱乐用具,是一种乐器,但河姆渡先民有可能在狩猎活动中发挥了更大的作用。我们知道,河姆渡文化时期,尽管环境优越,物产丰富,但人们不可能时时都能享受大自然的恩宠,他们的生活也远不是我们所想象的那般丰衣足食。在绝大多数时间里,他们还得为生存而奋斗,因此他们制作每一件器物的最初动机是为了生产或生活的需要,骨哨也不例外。民族学资料告诉我们,各种动物都有自己的"语言",它们听到各种声音,就会产生不同的反应,如失群的动物听到自己同伴的"召唤"的声音,便会奔来合群;弱小动物听到自己天敌的声音,便逃之夭夭;也有的猛兽听到自己的猎物的鸣叫马上就会赶来突袭;还有的动物在发情期间以叫声招诱"配偶"。凡此种种,都是靠声音来联系的。人们长期跟这些动物打交道,逐渐懂得动

物的"语言",于是就发明了拟声工具——哨,模仿飞禽走兽各种不同的鸣啼叫唤的声音,以此诱捕动物。生活在我国东北地区的鄂温克人就曾用过木制的鹿哨吹出鹿的叫声,把鹿引来,等靠近时就用扎枪或弓箭射杀。以声诱捕,在原始社会是经常使用的,河姆渡文化骨哨的用途也可能如此,它是一种重要的狩猎辅助工具。

石球是河姆渡先民的狩猎工具,但数量较少(如图16)。石球大者如拳头,小者如鸡蛋。石球的用法,一是在很长的木杆上拴一条长绳子,绳的另一端绑上一个石球,使用时猛甩木杆,石球一跃而出,击中目标后急速旋转,可将兽足牢牢捆住;二是绳索的一头拴上石球,另一头握手中,投掷方法类似现在体育运动中的链球,先挥臂使石球旋转,然后抛出,石球击伤击倒野兽。

弹丸也是河姆渡先民常用的狩猎工具之一,按制作材料不同分为两种:一种是陶弹丸(如图17),另一种是石弹丸(如图18)。弹丸的用法主要是弹弓发射,弓弦中绑一小兜,弹丸放在兜中,发射时握兜拉弦即可射出。云南景颇族以前曾用竹片作弓、藤条为弦,弦上绑一个网状小兜,以此发射小弹丸。傣族人

图⑯ 石球
图⑰ 陶弹丸
图⑱ 石弹丸
图⑲ 骨鱼镖

用过的弹弓也与此类似。

骨鱼镖用大、中型兽类的管状骨片制作而成,体扁长,带有尖锋,侧面有倒刺(如图19)。它是一种专用渔具,与木柄绑合起来使用。一旦扎入鱼身,倒钩深入鱼体,鱼儿很难有机会逃脱。但是这种骨鱼镖至今仅发现三四件,远不是当时人们常用的捕鱼工具。

河姆渡先民利用弓箭、木矛、弹丸、骨哨等工具外出狩猎,并不能够保证每次都满载而归。有的动物凶猛、善跑,如老虎、熊、犀牛等,而且躯体庞大,仅靠先民的原始狩猎工具打击都不易致命,要捕获它们确实不易。碰到这种不能力胜的情况时,则采用智取。首先是选择反抗力弱、数量多、行动成群的动物,鹿类正是这样的兽类。7000年前的余慈平原上湖沼密布,是鹿群嬉戏出没的理想场所,而且追捕鹿群,用弓箭、石球、木矛、棍棒等都容易击中致伤,甚至徒手也能抓获。其次是强中捕弱。在众多的动物中,河姆渡先民选择性情温顺的鹿类作为主要捕猎对象,在袭击猛兽时则选择老弱病残或幼小者。专家们在鉴定中发现,犀牛都是乳齿没有全部换下或者还未开始替换的,说明还

是幼年期,相比成年犀牛自然容易捕捉;有些犀牛的牙齿呈现出严重的病态,当属于年老体弱的个体。第三是设置陷阱。村落周围广阔的水域和湖泊沼泽是天然的陷阱,利用地形的优势和群体的力量,将野兽驱赶入湖沼区便能逼其就范。最后,到了冬季,有些动物行动变得迟缓,有些进入冬眠,易于袭击,正是狩猎的最好时机。现今山区每当下大雪时,野猪、野鸡、黄麂等外出觅食,常常误入农舍而被村民捕获,先民也充分利用这一有利时机上山打猎,通常是满载而归。

河姆渡遗址出土的61种动物残骸中,水生动物的种类达21种之多,既有生活在淡水里的,又有生活在海洋、滨海河口的。鱼类、龟鳖类等水生动物的遗骸,不胜细数。清理了很少部分龟的遗骸,显著可分的龟类个体就有2000多个,鳖类数量也相当可观,许多陶釜中都装有龟、鳖、蚌、鱼等水生动物遗骸,其中有一陶罐内竟盛了满满一罐完整的龟、鳖甲壳。蚌壳更是成堆的发现,甚至在狗粪中也发现许多鱼骨。由此看来,捕捞比狩猎在河姆渡先民的经济生活中占有更大的比重,因为捕捞比狩猎活动更加容易进行,收获也有保障。

图⑳ 鳖甲与陶釜
图㉑ 河姆渡先民用弓箭射鱼情景复原

但是,河姆渡文化出土的捕鱼工具却很少,除了上面提到的少得可怜的几件骨鱼镖外,在其他地区史前遗址中常见的网坠也只有两三件。7000年前的河姆渡先民已能用芦苇编织席子,并纺纱织布,按理说,编结渔网是根本不成问题的,能做而不去做,说明当时并没有这种需要,看来河姆渡先民自有一套捕鱼捉鳖的好本领。下水徒手捕捞应该是河姆渡先民最常用的捕鱼方法,况且大量的龟、鳖、河蚌、蟹等用徒手捕捞也合适。其次,那时候,村落附近多的是湖泊、沼泽,水位不深,先民选择鱼儿较多的局部水域,围堰放水,待水放干以后,"竭泽而渔",什么龟呀、鳖呀、鱼呀、虾呀统统一网打尽。第三,国内外民族学资料中,有许多用弓箭射鱼的情况,河姆渡文化骨镞数量又那么多,先民们用它们射鱼也是极有可能的(如图21所示)。

在长期的捕捞活动中,河姆渡先民也有碰到好运的时候。当时村落离海岸比现在要近得多,生活在海洋里的体形庞大的鲸、鲨鱼有时候顺着潮水而来,退潮时被搁浅在海滩上,人们发现后,便用石刀、骨刀等工具将它们切割开来,带回住处,自然也成了河姆渡先民的"盘中美餐"。

图㉒ 河姆渡文化遗址出土的鲸肋骨

【六】

「饭稻羹鱼」

图① 木杵
图② 木杵
图③ 陶臼
图④ 石磨盘和石磨球
图⑤ 田螺山遗址木磨盘与稻壳堆积

"**民**以食为天",饮食是人类生存和发展的基础。过着比较稳定的定居生活的河姆渡先民,他们的饭食在当时的条件下,应该说还是不错的。食物花色品种丰富多样,有的可以果腹充饥,有的含高蛋白,有的多淀粉。我们套用《史记》等古籍对古越族先民的描述,用"饭稻羹鱼"一词,便能高度概括河姆渡先民的饮食习俗。

河姆渡先民以稻作农业为主,兼营渔猎、采集、家畜饲养的经济特点极大地丰富了人们的食物来源。山地林间的禽兽、饲养的牲畜、大量的水产,还有野生的果实块根、遍地的野菜,以及磨菇、鸟蛋等,都一一被搬上"餐桌",成为河姆渡先民的美味佳肴。这些从自然界获取的食物,有的可以直接食用,如被掰成两半的菱角壳、桃核等,推测是当时人们生吃后遗留下来的。不过大多数食物需要炊煮,而有些食物在炊煮以前还需要进行加工处理,如稻谷要去壳,橡子要去涩和磨成粉,鱼要刮去鱼鳞等。

河姆渡文化发现的所谓稻谷堆积层,其实是以稻壳和木屑等为主,完整稻谷所占的比例很小,应该是先民脱壳后的废弃物,已经没有食用价值而丢弃的。那么河姆渡先民是如何脱谷

壳的呢？根据《周易·系辞》等古籍记载，我国古代流行"断木为杵，掘地为臼"的习俗。河姆渡文化发现多件木杵，一件杵头呈椭球形，与长木柄无明显分界（如图1），另一件杵头长圆柱形，木柄短而小，中部有一卯孔以便手握用力（如图2）。与木杵配套的可能是陶臼和木臼。陶臼器形硕大，器壁特别厚重，形状像陶盆，但比陶盆要大，器壁也厚重许多，腹部中间安2个对称的鸡冠状耳以便于搬动（图3）。从出土的建筑木构件以及木桨、木筒等木器看，先民已经能将整木削挖成各种器具，而且掌握了木构榫卯连接技术和木板企口拼接技术，表明木器的加工水平相当高超，完全有能力挖制木臼。至于当时是否掘地为臼，还需进一步研究确认。

对于河姆渡先民是否使用石磨棒和石磨盘加工谷物，需要作进一步讨论。发现的大量砺石当中，有些磨面宽阔平缓形似石磨盘，用手可以摸到磨砺骨耜、骨匕、石斧、石锛等较宽阔的器物时留下的磨槽，当然其中也有作为石磨盘使用的，与其配套的石磨棒估计是从溪流河滩中捡拾来的鹅卵石（如图4）。田螺山遗址发现5件长50厘米~70厘米、宽40厘米~55厘米的弧凹木板，外形有些像簸箕，一端及两侧有凸起的边沿，弧凹一面加工粗糙，砍削成波浪形（如图5）。刚发现时以为是断掉的独木

舟的头或尾,后来科技工作者在它们的表面取样鉴定,发现大量淀粉,才意识到这是古代的木磨盘,用来加工稻谷或橡子等淀粉食物。而且木磨盘旁边发现厚厚的稻壳堆积,也说明它们之间存在密切关系。与木磨盘配套使用的木搓板是长方形小木板,上面雕刻出把手。橡子往往是成坑成坑地发现,其他食物几乎不见这类现象。橡子味苦涩,日本古代常把橡子埋在河湖的岸边土坑里,目的是去除涩味和保鲜,想来河姆渡先民选择在邻近河岸的地方挖坑保存橡子也是为了去除涩味,同时还能有效地保存淀粉。成堆、成片的鱼鳞也是考古发掘时经常发现的,表明河姆渡先民在炊煮鱼类时也要先除去鱼鳞,这一习惯已与现代人完全一致了。

　　加工后的食物还要炊煮,一来可以杀菌,二则有助于消化吸收,而且烧熟以后吃起来口感要比生吃好很多。然而人类在懂得利用火以前的漫长岁月里,无论是渔猎获得的禽兽鱼虾,还是采集回来的植物果实野菜,全部都是生吃。直到人类在偶然的机会里,发现火烧过的食物既容易咀嚼,又味道鲜美,才逐渐开始有意识地将一部分食物用火烤熟了再吃。烤是一种最原始的炊煮方法,简单易行,不需要任何炊煮器具,将木柴堆成一堆后点火,然后把食物直接放在火中或吊挂在火上就行。这种烧烤

图⑥ 成片的鱼鳞
图⑦ 内部粘有锅巴的陶釜

食物的方法在河姆渡文化中依然存在。一处由一些杂乱的树枝堆成的遗存,中间的树枝有火烧痕迹,周围散乱地分布着烧烤过的碎骨等食余残骸。另一处遗存原为灰坑,淤积一半后,人们便在上面填上一层石块作为烧烤面,其上有一层灰烬夹杂鱼骨及兽骨,有些骨骸还因火烧而呈黑色。看来河姆渡先民仍盛行用火直接烧烤肉食,烧烤的对象多为渔猎而得的禽兽、鱼类以及饲养的家畜等肉类食物。

河姆渡先民稻作农业已经发展到耜耕农业阶段,这为先民提供了大量稻谷,大米已成为先民的主要食物。那么河姆渡先民又是如何烧煮米饭的呢?河姆渡文化除发现大量人工栽培稻谷和炭化米粒以外,还发现一些陶釜底部有一层厚厚的烟垢或火烧烟熏痕迹,而在其内底紧紧地附粘着一层已经烧焦的黑乎乎的东西,无须仔细辨认,肉眼即可看出这是米饭的焦结物,其中还夹有颗粒完整的饭粒,是河姆渡先民用陶釜烧煮米饭和以米饭为主食的最直接证据(如图7)。现代的锅在古代叫作"釜",如大家耳熟能详的"破釜沉舟"、"釜底抽薪"等成语中提到的釜,就是古代煮饭用的锅,只是因时代的不同,它的形状、质地等各不相同而已。河姆渡先民烧饭用的"锅"叫陶釜,也是河姆渡文化陶器中最主要和最有特色的器形之一。

陶釜是河姆渡先民最主要的炊煮器具，煮也是他们主要的饮食方法之一。河姆渡文化陶釜数量众多，造型富于变化。陶釜必须与釜支架配套使用，釜支架是一种粗大厚重的长方形陶块，顶端略倾向一侧，上面有烟熏痕迹。陶釜烧煮食物的方法与现在的锅相同，将加工好的食物放入陶釜中，同时加上足量的水，然后把陶釜放在三个釜支架上，釜下放置柴禾，点燃柴禾，便可以烧煮食物。这种方法是河姆渡先民煮米饭、肉类食物及野果等最常用的方法（如图8所示）。从陶釜内底粘着的烧焦米粒残渣和"锅巴"分析，河姆渡先民烧煮的米饭如古籍上记载的"饘粥而食"，讲得通俗一点就是厚粥烂饭，或者是所谓的稠粥。同时，在出土的不少陶釜内还发现了许多龟、鳖、鱼类等骨骸，可见河姆渡先民在食用从江河湖泊捕捞来的水产类食物时，也大多使用陶釜进行炊煮。这种以釜支架架釜的方法，不少地方民间都曾使用过。不过，河姆渡先民有时也随便捡三块大小合适的石头，以代替釜支架。

到了距今6500年前左右，先民发明了既能够提携搬动，又能够在室内烧煮食物的陶灶。陶灶外形像一个大簸箕，前面是上翘的火门，内壁横安三个粗壮支钉，用来架釜，外壁有两个半环耳，以便搬动（如图9）。这种陶灶结构科学，使用方便，火焰

图⑧ 三个釜支架支起陶釜
图⑨ 陶灶
图⑩ 陶甑
图⑪ 釜形陶鼎

大小容易控制住,比较安全,适宜放置于干栏式房屋内的木地板上炊煮食物,充分显示了河姆渡先民的聪明智慧。这也是我国迄今发现的架釜炊煮的最早专用灶具。另有一种外形呈圆桶状陶灶,底部开一圆或方形火门,这种外形像现在的煤球炉的"缸灶"在上世纪六七十年代以前宁波的城乡仍在广泛使用。

河姆渡先民还学会了利用蒸汽来炊煮食物的方法,这是一种比较先进的烹饪方法。陶甑的出现,既表明河姆渡先民已懂得蒸汽的利用,还说明河姆渡先民对饮食提出了更高的要求。陶甑的形状与陶盆相同,只是平底上穿有许多蜂窝状的圆孔,孔径1厘米左右,外壁有一对半环耳,以便于搬动(如图10)。使用时先将食物放入甑内,再将其置于预先加了水的陶釜上,然后在釜底加热,釜内的水烧开以后,大量蒸汽透过甑底的圆孔就可以将食物蒸熟,这与我们今天几乎家家都用的蒸笼相似,是人类对蒸汽的最初利用。由于甑与水保持有一段距离,因而水沸腾时不会触及食物,从而使食物的营养价值全部保存在食物内部。从甑的孔径大小看,河姆渡先民蒸熟食用的主要是野果及兽肉,而不大可能用于稻米等颗粒较小的食物。

到了距今6000年前左右,河姆渡先民也许是受到杭州湾北岸史前居民的影响,开始制作并使用陶鼎(如图11)。陶鼎实际上是把陶釜和三个釜支架固定在了一起,这样一来,无论是架柴烧火,还是提取搬动,都比原来方便了许多。这虽是一种较为先进的炊煮方法,但河姆渡先民并没有普遍使用,制作的数量并不多。

河姆渡文化的饮食器具主要是钵和盘、豆。钵相当于现在吃饭用的碗,用来盛放主食米饭(如图12),盘(如图13)、豆(如图14)则相当于现在的菜盘子,一个装主食,一个盛副食,器具虽简单,分工较清楚。看来河姆渡先民在这个时期已经产生了主、副食的初步分化。

河姆渡先民的主食无疑是大米饭,那么经常吃的副食又有哪些呢?河姆渡先民食谱中的"素菜"有葫芦、莲藕等,至于"荤菜"的种类就更多了,大部分鱼、龟、鳖等都是用陶釜烧熟的。至于家畜,饲养的目的首先还是为了肉食。河姆渡先民周围生活的动物,几乎都是他们猎取的对象,同时也都毫不例外地成了先民的盘中餐。

按现代人的理解,先民经常吃这些营养丰富的野生食品,应该有一个很健康的身体,但事实却并非如此。由于生产力水平低,他们还要经常忍饥挨饿,带着辘辘饥肠去干繁重的体力活,脊柱严重变形,疾病和饥饿时常伴随着他们。因此,他们的寿命都不长,大多数人死于成年以前,将近一半在婴幼儿、少年时不幸夭折。甚至可能有人吃人的情况,证据是曾发现2件陶釜内有婴儿骸骨和鱼骨混杂在一起,可能是将婴儿和鱼放到一起煮了吃。

河姆渡文化中饮食器具还有杯(如图15)、盉(如图16)、鬶(如图17)、盉形器(如图18)等。杯常与盉一起使用,两者数量都不多。陶盉的器表经刮削、打磨处理,外表施一层红色的陶衣,因此表面光洁鲜红。陶盉前有粗短的冲天嘴,后有圆形大口,形状犹如一只蹲着的鸟,口与嘴之间连接着一个半环形的带状

图⑫ 陶钵
图⑬ 陶盘
图⑭ 陶豆

图⑮ 陶杯
图⑯ 陶盉
图⑰ 异形鬶
图⑱ 陶盉形器

纽。有人认为陶盉是盛酒的酒器,是有一定道理的。河姆渡文化时期,米饭已经成为人们的主食,天气炎热的时候把没有吃完的米饭搁置在一边,或者将采集来却又来不及食用的水果盛放在陶器内,若干天后竟发现那些米饭、水果散发出阵阵诱人的香味,这也许就是最原始的酒的来历。现在有人把葡萄洗干净,放入玻璃瓶内等它们自然发酵,酿成所谓的"葡萄酒",口味也是不错的。物以稀为贵,酒在当时应属珍品,因此被盛放在制作精美、色彩艳丽的陶盉内。可惜至今没有发现其他与酿酒有关的器具,河姆渡先民是否真的开始酿酒,还有待于进一步的考证。陶盉敞口束颈,前有冲天嘴,口放进食物,嘴倒出食物。这里边盛放的一定是相当珍贵的流质或半流质食物,除酒以外也许用来盛放蜂蜜一类的食物。

　　河姆渡先民最常用的储藏器是陶盆(如图19)和陶罐(如图20),这些器物与炊煮器、饮食器相比,容量要大得多,又因为这些陶器只用于存放食物,因此大多制作粗糙,器形也不甚规整。

　　食物的种类不同,保存和储藏的方法也有所差异,而且食物所需保存的时间、获取时的季节等因素,也给保存和储藏提出了不同的要求。特别是兽肉和水产类食物,河姆渡先民究竟是采

㉑

取晒干,还是熏烤,还是其他方法来延长保存时间,由于没有发现相关的遗迹和遗物,给我们在这一方面进行研究和探讨带来一定的困难。据日本有关资料介绍,居住在海边的原始人类往往最先掌握陶器制盐的技术,并用盐来腌渍食物,从而延长保存时间。河姆渡先民的村落离海岸不远,当时的人们是否已学会制盐,是否用盐来腌渍食物,这一切都有待于今后的考古发掘来证实。

如上所述,河姆渡先民通常采用烤、煮、蒸的方法来炊煮食物,餐桌上也常以钵盛饭,以盘、豆盛菜,将主食与副食明显地区分开来,这种饮食习惯已与现代人基本一致。那么现代人常用筷子、调羹等用具进食,7000年前的河姆渡先民就餐时用什么器具辅助进食呢?

前面已经提到,河姆渡先民吃的米饭是一种呈糊状的厚粥烂饭,滚烫的厚粥烂饭从盛装到进食必须有工具辅助才行。骨匕是河姆渡文化常见器物之一,用大型兽类动物的肋骨对剖后制成。骨匕的前端扁薄、呈舌形,后端大多平齐(如图21)。在原始社会生产力水平还十分低下的情况下,一物多用现象是非常普遍的,也是非常自然的事情。骨匕有长有短、有大有小,功能也就不应该一概而论,可能具有织布打纬、修整陶器和进食等

多种功能。其中有一些制作特别精细,通体光滑,器身扁薄,长在20厘米以下的短匕,应是先民的进食餐具。因此,现在有考古工作者干脆称其为"骨匙"(如图22)。

【七】 喝水不忘挖井人

水是生命之源，如果没有水，人类的生产、生活都将无法进行。作为人类获取水资源的重要途径之一，水井的发明具有十分重要的意义，标志着人类开始摆脱地表自然水资源的束缚，是生产力发展进步的重要标志。因为水井除了能够提供清洁卫生的生活用水外，还能用于灌溉农田和制陶等，尤为重要的是为开发利用地表淡水资源匮乏地区创造了有利条件，极大地拓展了人类生存发展的空间。

河姆渡遗址发现一口迄今为止我国最早的木构水井。水井直径约 6 米，面积 28 平方米，由 200 余根桩木、长圆木等组成，井底距当时的地表 1.35 米。水井分内外两部分，外围有一圈不规则圆形栅栏桩，桩木之间的距离不甚匀称，共计 28 根，四面都有缺桩。木桩直径大多 5 厘米左右，垂直打入土中深约 1 米，最深 1.42 米，其中两根桩木比较特殊，桩径 8 厘米，南北对峙，各以与水平成 55 度角打入土中。古建筑学家推测这圈桩木是围护水井的栅栏，南北对峙的两根木桩和位于井内中心的桩木以及放射状塌落的椽木、芦席残片等共同构成了外围保护设施的篱笆，以防备野兽和家畜对水井的破坏，可能上面还盖了井亭，足见先民对水井的爱护（如图 2 所示）。

栅栏桩内，有 8 根平卧的长圆木构件，长约 1.96 米 ~2.6 米，直径 15 厘米 ~18 厘米，出土时架成一个近方形的平面。其中 6 根的一端有一个丫杈，一根一端有一"十"字形斗口。其下是 4 排垂直入土的桩木，两者套合在一起，组成了一个近方形竖井。每排桩木的数量为 21~40 根，直径约 6 厘米，排列紧密，彼此大体平行。转角处的桩木较粗。每排桩木内侧又各紧贴一根圆木或半圆木，互相套接成一个方框，其中南北两根为直径 17 厘米的半圆木，两端各有一个 13 厘米 ×18 厘米的卯眼。东、西两根为圆木，两头有榫，出土时榫头还紧楔在南、北两根半圆木的卯眼内。

图① 河姆渡遗址木构水井出土时情景

图② 河姆渡遗址水井复原

喝水不忘挖井人

　　根据上面的考古资料分析,水井原先是一个位于居住区内的天然或者是人工挖掘的锅底形浅水坑。雨季坑内积满了水,人们便在水坑边取水。随着旱季的到来,坑内水位逐渐降低,人们为了取水,不断在坑内垫石到坑中取水。在干旱季节,有时坑内水源接近枯竭,为了解决用水问题,在原先的水坑中央挖一竖井。方法是,在原有的水坑中央,先打入四排小桩木,组成一个方形的桩木墙,然后将排桩内的泥土挖空。为了防止排桩向里倾斜,在排桩内顶套一个由圆木或半圆木互相套接成的方框,并且两端加工出卯眼和榫头。排桩上的16根长圆木,很可能是构成井口架或为了加固井口而设置的构件。

　　田螺山遗址也发现两口水井。一口上部大致圆角方形,底方形,井壁陡直,井底垫7块平行的木板,井壁中部有一供上下水井时脚踩踏的横洞,水井深1.8米左右(如图3);另一口水井上部原先是一处圆形的水塘,水塘中央挖一个圆形深坑作为水井,井壁南部垫一块厚重的长方形大木板,与其下的一块平整面朝上的石块组成踏步,以方便取水。此水井在丰水季节人们便在水塘边取水,枯水季节水源接近枯竭的时候,进入中央的竖井内取水,台阶状的木板和石块是供人们在枯水季节时下到井里打水用的台阶。这两口水井的年代与河姆渡木构水井的年代

图③ 田螺山遗址水井

基本相近,距今 6000 年左右。

河姆渡文化发现的水井深皆不足 2 米,相比于黄河中下游地区史前水井一般都深逾六七米以上,的确是浅了许多,所以有人怀疑它们不是水井而是有别的用途,况且宁绍平原无论是史前时期还是现代,都是湖泊河流遍布的"水乡泽国",水资源十分丰富,人们并没有急需开发利用地下水的必要。

乍看起来,上述观点的确有几分道理,但是仔细分析以后,事实并非如此。首先,河姆渡文化水井所挖穿的第三、四文化层,土质都比较松软,是这一地区的主要地下潜水层,现在附近农村挖水井也都仅到此深度为止,一般不会超过三四米,与河姆渡文化水井底部的海拔高度相当。因此,1 米多些的深度当时完全会有地下水大量涌出,作为水井的首要条件——利用地下潜水显然已经具备。其次,河姆渡遗址木构水井发现不少陶罐碎片,有一片罐耳中还穿了绳索,看来陶罐穿上绳索后用于在水井里汲水。另外,黄河中下游地区地下水位低,一般的开沟挖坑都难以有机会接触到地下水,所以当地史前居民大多用挖掘较深的窖穴来储藏粮食,有的窖穴甚至深达四五米以上。如河北武安磁山一口窖穴,深 5.2 米,底部有近 2 米厚粮食朽蚀后形成的绿灰土,上面有一层小卵石支垫相隔,底部还有三堆猪骨。长江下游地势低洼,地下水位高而丰富,平原湖沼地区挖掘深度 1 米左右就会涌出地下水,基本上不会采用北方地区那种挖掘较深的窖穴方法贮藏粮食,即便是偶尔为之,所挖窖穴也非常浅,而且大多是用于堆放采集的野生植物果实。如河姆渡文化发现的储藏坑都是用来储藏橡子的,深一般 30~40 厘米,罕见达到 1 米的。东邻日本在古代把橡子埋在河湖的岸边土坑里,利用河水除涩和保存淀粉,河姆渡文化橡子储藏坑的作用也应大致如此,目的是去除涩味和保鲜。

我们知道,河姆渡先民集中居住的余慈平原,当时湖泊河流遍布,水资源十分丰富,似乎没有挖掘水井的必要。那么河姆渡先民为什么要挖水井呢?余慈平原是大约距今8000年前后才开始逐渐海退成陆的,成陆初期平原的大部分地区仍然是低洼的河湖沼泽区,水域面积广阔,许多遗址生土层即为这次海侵所形成,内含广盐性有孔虫化石,最底下文化层内含盐生黎科孢粉;发现的动物遗骸中有鲨鱼、鲸、金枪鱼、海龟等海洋生物,表明离海很近,周围遍布的河湖水体都与海水直接相连,河湖水位受海潮涨落影响极大,致使河湖水体和土壤中盐分升高,不堪饮用。直到1958年宁波市区姚江大闸未建之前,每当涨潮时混浊的海水溯姚江而上,潮水直达丈亭以上,甚至是余姚城区,沿江两岸的居民每每可以捕捞到蟹和海蜇等海产品。另外,该地区属亚热带季风气候区,灾害性天气频繁,降水量大而集中,容易造成洪涝灾害,也使江河湖泊水体浑浊污染。这种盐分较高而又浑浊的水体是不堪饮用的,于是河姆渡先民凭借着长期生产实践中积累的经验,利用天然水塘、人工开挖积水坑或挖水井以获取日常生活用水,这或许是沿海地区水井发明出来的原因吧。

　　上述水井中有两口最初曾经是天然或人工挖掘的积水坑或水塘,看来水井很可能是在积水坑或水塘的基础上再挖深而成的。有人提出挖掘口大底小的水井相对于直筒形水井工程量大,敞口形制汲水不便等,人们才在使用过程中逐渐改变成比较优越的直筒形井制。积水坑和水塘的水源是靠雨水作为补给,干旱时间较长的话积水会逐渐干枯。挖深成为水井后,利用的是地下潜水作为水源,即使大旱季节也无干枯之虑,所以水井自新石器时代晚期出现以后一直使用到现在。前面已经讲到,河姆渡文化分布地区曾经为海水所淹,即使时至今日,这里的井水仍略带咸苦的涩味,所以平原地区的老百姓罕见喝井水的。由于积水坑主要是利用本地区降水丰沛,地表淡水资源丰富的有利条件，坑内积蓄的是降雨落下的淡水，基本上不含盐，即使是刚下过雨，坑内的水比较浑浊，但沉淀一段时间便会变得清澈，这是积水坑并没有因水井的出现而很快在这一地区消失的原因。直到20世纪，在余慈平原上仍然可以见到大量积水坑。只不过后代的积水坑面积和容量都比新石器时代大了几倍，当地人叫作池塘，每个村庄里都有好几个，甚至有些村庄还以此命名。

我国水井的发明，有传说是"黄帝穿井"，也有说是夏时的"伯益作井"。饮水思源，追根溯源的话，其实我国的水井并不是一朝一夕由哪一位圣人发明的，它是随着农业生产的发展和定居生活的稳定才出现的。

旧石器时代的原始人类居无定所，长期以采集及渔猎为生，进入新石器时代以后开始定居和人工栽培植物。到了距今七八千年前，一个显著的特征是农业得到了迅速发展，并逐步成为当时占支配地位的经济活动。此时的中国大地上先后由原始的"刀耕火种"发展到较为发达的"耜耕农业"阶段，大量先进的石耜、骨耜等农具广泛应用于原始农耕活动之中，极大地提高了劳动生产率和粮食产量，使人类能够结成较大社团聚居在同一村落。目前考古发现证明了这一时期聚落不仅分布广泛，规模也比以前要大，有的村落还发现大量农作物窖藏以及防备野兽、敌人侵害和洪水危害的又宽又深的壕沟。如河北武安磁山遗址总面积约8万平方米，在已经发掘的地区发现了一些小型半地穴式房屋和几个储藏粮食的窖穴，其中发现的粟壳朽灰如换算成新鲜粮食可达10万斤以上，看来是一个规模颇大的农业村落。不难发现，在这些开沟挖坑过程中已经孕育了水井发明的条件。如黄河中下游地区的先民利用地下水位低的地理特点，一般挖掘大量深坑形窖穴来储藏粮食。在挖坑的过程中，如果挖得很深，自然会遇到地下水冒出的情况，这也许就为先民发现和利用地下水提供了启示。长江下游地区地处低洼的湖泊沼泽地带，地下水位高，不宜采用北方那种深坑形窖穴储藏粮食。但这里同样具备诱发水井出现的条件。以河姆渡文化为例，有的干栏式木构建筑采用了先挖柱洞，放入木垫板再立木柱的方法，这些柱洞一般深1米以上，最深达1.50米。桐乡罗家角遗址第4层的17个灰坑中有7个灰坑深度超过1米，有一个深达2.12米。由于湖沼地区地下水位高，离地表1米左右就能见到地下水，因此，上述挖坑活动出现不久，便很快发明了水井。

  让我们想象一下，距今7000多年前，由于得心应手的挖土工具的出现，以及在长期开沟挖坑中积累起来的丰富经验，黄河中下游和长江下游的许多原始部落已初步掌握了挖掘水井所必备的技术条件。而以河姆渡先民为代表的临海平原地区居民，虽然周围河湖沼泽水域广阔，但这些水域都是与海水直接相联，水位随潮汐涨落而变化，水质咸而浑浊，就像现在的甬江水，不能直接饮用。于是当地原始居民因地制宜，利用生产实践中认识的本地区地下水水位高而丰富的有利条件，首先开挖水井，以获取比较清洁的生活用水。

【八】

海洋文化的开拓者

七千年前的宁波地区气候温暖,降水充沛,湖泊沼泽遍布,河流纵横交错,水域面积辽阔,因此河姆渡先民与水结下了不解之缘。我们已经知道,水生动植物是河姆渡先民的重要食物来源,甚至连海龟、鲸、金枪鱼、鲨鱼和生活在滨海河口地带的鲻鱼和裸顶鲷等海生鱼类也是河姆渡先民的盘中餐。在近岸浅水地区,人们不用水上交通工具就能捕鱼捞蚌,但在深水或滨海地带就须借助水上交通工具了。舟楫的出现不仅促进了渔业的迅速发展,而且扩大了河姆渡先民的活动范围和同周围原始文化的交流。滔滔钱塘江水和波涛汹涌的杭州湾并没有阻碍河姆渡文化与马家浜文化这两支近邻文化之间的交流,这中间舟楫等水上交通工具是功不可没的。而在舟山群岛发现的河姆渡文化居住遗址,说明河姆渡先民不仅在内河湖泊中来去自如,并且已经熟练地掌握了浅海航行技术,是海洋文化的开拓者。

目前为止,已经发现了20多件河姆渡文化木桨。这些木桨都是用整块硬木为原料砍削而成。木桨柄部粗细适中,可容手握,大多数加工成圆形,也有少数方形。完整的木桨柄部顶端加工成倒三角形,利于划船时手握用力(如图2)。桨叶多呈扁平的柳叶状,自上而下逐渐减薄,制作都比较精细,桨叶前端有的呈圆角方形,有的削尖,外形和现在江南水乡农村小船上用的木

图① 河姆渡文化遗址出土的金枪鱼骨

图② 形状各异的木桨

桨基本相近。其中有一支木桨,木质坚硬,出土时呈褚红色,桨柄上部略残,但在柄与叶的连结处,刻划直线和斜线构成的几何图案,既美观又实用。另一件桨叶上半部缠绕着植物纤维。河姆渡文化发现的木桨制作都比较讲究,桨叶轻薄,在制作上属于比较成熟的类型。这种造型既轻巧又实用。

一般来说,船的发明比桨的出现要早,因此有桨必定有船。根据民族学材料,制造独木舟的方法比较简单,先把选好的粗大木头对剖或一面砍削平整,接着在平面的中间部位用火烧烤,然后用锛、凿等工具挖凿。这样边烧边挖,逐渐把船舱扩大、加深,直到全部挖好,再稍加修整即成。河姆渡先民既然能用石器制作木器和加工先进的榫卯木构件,想来用石锛、石凿及火挖制独木舟也并非难事。至今,河姆渡文化还没有发现独木舟或其他形式的船的成品,这恐怕与发掘位置都是先民住居区或水稻田,而不是停泊舟船的"码头"有关。可喜的是,2013 年上半年在田螺山发现一件未加工完成的独木舟毛坯,长近 4 米,尾部最宽处 0.6 米,一面已经砍削平整,近树梢一端已经挖凿一个不规则浅坑。完整的独木舟在浙江省的其他史前遗址能看到。如萧山跨湖桥发现的 8000 年前的独木舟,残长 5.6 米,宽 0.52 米,船头窄而上翘。船体制作光滑,内侧有多处黑色焦面,当是借助火

烧挖凿船体的证据（如图3）。余杭的茅山遗址也发现了5000年前的独木舟，由整段巨木凿成，局部稍有残缺。尖头方尾，全长7.35米，最宽处0.45米，深约0.23米（如图4）。弥足珍贵的是，擅长陶塑艺术的河姆渡先民，为我们留下多件以当时的独木舟为原型捏塑的艺术品。其中一件外形如长方槽形，一侧稍残，长8.7厘米，宽2.6厘米，高3厘米，是一种方头的长方形独木舟的模拟品（如图5）；另一件舟体侧视如半月形，俯视略呈梭形，中间挖空，两头稍尖而微上翘，头部之下还附有一穿孔的扁平小耳，用以穿系缆绳之用，表现的是一种两头削尖的梭形独木舟（如图6）；还有一件头尖尾圆弧而大，尖头上有一小圆柱，用以系缆绳，是另一种类型的独木舟（如图7）。可见当时独木舟的形状还是比较多的。

船和桨的发明并不是一朝一夕的事情。最早的船可能是模仿自然浮木，是仅能保证"乘客"不会下沉的大原木，后来才出现平底的、有空间可供人活动的独木舟。在这前后，木筏也可能出现了。《世本》云："古者观落叶因以为舟。"《易经》也说："利涉大川，乘木有功。"可见远古时代的筏和舟之类是受落叶、树

图③ 跨湖桥出土的独木舟
图④ 茅山出土的独木舟
图⑤ 方头方尾小陶舟
图⑥ 梭形小陶舟
图⑦ 尖头小陶舟

木等浮水的自然现象启迪而发明的。另据《物原》"伏羲始乘桴，轩辕作舟"和《拾遗记》轩辕氏"变乘桴以造舟楫"的记载，舟是由桴发展而来的。桴今称筏，是用一定数量的竹或木编扎而成的水上交通工具。由于竹木筏取材容易，加工方法简单，故早在新石器时代早中期就可能出现了。如余杭南湖发现的良渚文化竹筏，平置于河道淤泥中，保存较好，长2.8米，宽0.6米，由五道竹篾编缀而成，材料和制作比较简单（如图8）。筏在浅水中可用树杆或竹竿作撑篙，在近海中也可用桨推进。筏由于制作简单，行驶稳定安全，载重量大，故一经出现便受到人们的广泛关注，历经近万年而长盛不衰，甚至在10万吨、20万吨巨轮远航大洋的今日，在一些山区的江河、溪流中，仍能时常见到竹、木筏的踪影。从河姆渡文化出土的木桨、藤条、绳索以及木构件所反映出的高超木作技术看，尽管至今未见筏的实物，但河姆渡先民使用筏的可能性是存在的。

有了船就得有桨，否则就不会前进，也不会拐弯。最初也许就是徒手划水，接着在一些浅水地方用树枝、竹竿等做成篙子撑船前行。而在深水区域，树枝、竹竿等已经够不着了，只能用它

们划水，后来才出现了较科学的薄叶桨。河姆渡先民使用的船和桨应该是属于这里所说的较先进的类型。

6000年前部分河姆渡先民渡海到达舟山群岛定居的事实告诉我们，先民不仅能在内陆地区的河湖中划船行舟，而且还具备了一定的航海能力。独木舟和竹木筏在风平浪静或风浪较小的内陆河流湖泊里航行并无大碍，但是一旦到了大海中，俗话说"无风也起三尺浪"，尤其是独木舟，很容易在风急浪高时翻船。现今居住于太平洋沿海岛屿上的土著居民通常的做法是，在独木舟的一侧或两侧捆绑上木架子，做成能在海上乘风破浪的边

图⑧ 余杭南湖出土的竹筏
图⑨ 夏威夷边架艇

架艇(如图9所示)。这种方法看似简单,设施简陋,但十分实用,能在大海中很好地抵御风浪保持独木舟平衡,从而保证了海上航行的安全。河姆渡先民要想移居舟山群岛,也许驾驶的就是这类边架艇。

从独木舟和木筏到船,人们的活动领域扩大了,交通的障碍变成了通途,先民们取得了越来越多的水上自由。

〔九〕从搓绳编织到纺纱织布

人们常把"衣、食、住、行"四个字排在一起,说明穿衣就像吃饭等问题一样重要,是人类生活的基本需要。保暖、遮羞、审美,是人类穿衣的基本目的,纺织,就是担负着解决人类穿衣问题的一个重要手工业部门。早在距今1.8万年前,山顶洞人就已经制作出骨针,说明原始人类至迟在旧石器时代晚期,已经穿上用兽皮或树叶缝纫的"衣裳"。用兽皮缝制的衣裳,冬天能防风保暖,到了夏天则有点背时了,而用树叶缝制的衣裳虽然夏天穿着比较凉爽,但是树叶干了以后容易一片一片破碎掉落。所以,进入新石器时代以后,人们逐渐利用野生植物纤维如麻、葛等,经脱胶后,捻线织布,出现了原始纺织技术。但纺织业的出现是以编结技术的发展为前提条件的。

编结早在原始纺织出现以前就已存在了,它是纺织的最初形态,千万年来,它始终保持旺盛的生命力为人类服务。如今,我们日常生活所经常接触的物品中,草帽、席子、绳子、篮子、筐、网、箩等,都是属于编结业的产物。考古发现表明,河姆渡先民的编结业已经初具规模且有相当高的水平了。

河姆渡先民的编结技术比较发达,主要是编织苇席和搓绳等。考古发掘时经常在房屋附近和一些灰坑底部发现苇席,总数达一百余件,小者如手掌,最大可达1平方米以上,这些都是残片,至于原来的形状和大小,已经搞不清楚了。苇席也称苇编,刚出土时色泽鲜黄,纹理清晰,保存良好,但是与稻谷一样出土后不久便变色、干燥龟裂。河姆渡文化苇席的加工方法十分科学,是以当地湖泊沼泽中生长的芦苇为原料,去掉芦苇叶和根,留下芦苇秆,剖成宽0.4厘米~0.5厘米的扁形长篾条,篾条大多修整细薄、规整,粗细一致,厚薄均匀。编织时一般以2条篾为一组,也有以4、5或6条为一组的,竖经横纬,依次编织而成。这样编成的苇席基本上是经纬垂直的斜纹或人字纹,如现在的斜纹布的纹理。这些席子经纬分明,条纹清楚,疏密均匀,图案

图① 刚出土的苇编

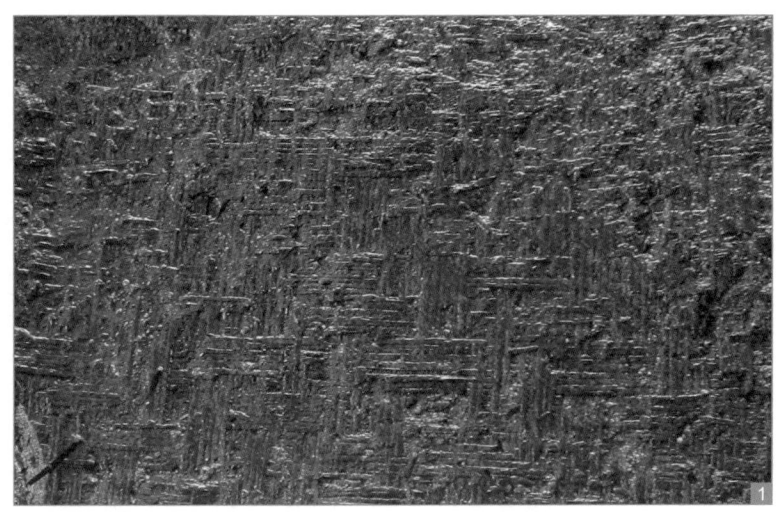

花纹简洁明了，朴实无华，表面手感光滑，显示出当年编结师的技艺是多么成熟。如不留意观察，还误以为是附近农家夏天用的竹凉席呢！

　　河姆渡先民的苇席用途颇广，既可用于木构房屋椽木上承托茅草屋面的席箔，也可用于分隔房间；有些篾条修削工整，编织讲究的，甚至用作坐卧用具；而一些灰坑底部发现的苇席片，则是窖藏底部的铺垫物。田螺山遗址发掘时，苇席往往铺垫于窖藏底部或地面上，苇席上面一般都有橡子或菱角等，看来作为储藏橡子或菱角等食物的铺垫物可能性更大。另外，在慈溪童家岙遗址发现在桩木内侧用密集粗芦苇秆和编织的苇席加固路基，这又是苇席的一种用法。

　　芦苇只是编结的原料之一，还有其他一些原料，如荆条、藤条、竹子等。那时，周围的山地上荆棘成丛，藤竹满山，先民当然不会忽视它们，都会加以利用。如出土的一件木筒，两头就是用藤篾一类的东西作为圈箍，起到很好的防裂加固作用，使这些精美的木器埋藏地下数千年而很少变形。另一件木筒髹黑漆，外壁乌黑发亮，木筒两头可以看到藤篾一类的东西作为圈箍掉落后留下的痕迹（如图2）。河姆渡和田螺山遗址都发现了骨耜上残留的捆绑木柄的藤条，有一件骨耜刚出土时还有一小段断木

柄用藤条紧紧捆绑在上面,看来藤条还用来捆绑骨耜的木柄,使木柄和骨耜两者如同一体,使用时不致摇晃松动(如图3)。考古发掘中,还发现整捆藤条,很明显,这是有意识地堆放的,是准备用它来编结或修补一些东西的备用藤料(如图4)。

搓绳也是编结技术的一种。原始人类在从事生产活动时,早已对某些葛、麻等野生植物纤维的性能积累了一定的认识,用它们来作为搓绳的原料。河姆渡文化发现了数段绳子,是用植物纤维先搓成小股,再用2~3股搓成绳子,粗细不一。粗者如手指,直径约2厘米,是由两股植物纤维搓成,每股直径8~10毫米,由14~16根纤维或更多一些组成,是麻类植物。细者如铁丝,直径约0.2厘米,股数和纤维根数不明,可能是用有韧性的草搓成。还有2段由三股各粗0.5厘米的纤维合搓成的粗绳,直径1.5厘米。这些绳子的外观与今天人们合掌搓成的绳子差别不大。有一段绳子出土时还穿在陶罐的耳上(如图6),也有残留于骨耜方銎之中或陶釜内的,可见当时绳子除了用于捆扎,还用它穿在陶罐上作汲水之用。另外,绳子还用于捆绑建筑构件,起到加固作用。河姆渡文化房屋建造时已经使用榫卯技术,但是大多数时候还是采用绳子捆扎方法。至于传说中的"结绳记事",也带一个"绳"字,我国有的少数民族也确实有过"结绳记事"的

图② 黑漆木筒两端有捆扎藤条的痕迹
图③ 残留藤条捆扎的骨耜
图④ 成捆藤条
图⑤ 河姆渡文化遗址出土的绳子
图⑥ 带绳索的罐耳

事实,河姆渡文化时如果也真有其事的话,那么绳子又多了一个"用武之地"了。

纺织,顾名思义,应该是包括"纺"和"织"两部分。从广义上讲,前面提到的绳子和苇席应该分别是原始的"纺"和"织"的产物,只是到后来,人们才赋予"纺织"以特定的含义,把纺和织当作一个整体概念。河姆渡先民的纺织技术应该相当发达,虽然至今没有发现纺织品实物,但出土文物中以编织纹装饰的器物屡见不鲜,主要见于骨笄、骨匕等骨器上。更为重要的是,还出土了许多珍贵的纺织工具,品种繁多而齐全,主要是纺纱工具、织布工具和缝纫工具三类。

纺纱工具,主要是捻线用的纺轮,出土数量很多,大多数是陶纺轮(如图7),也有石质和木质的。陶纺轮都以手捏而成,外形比较规整,形状以扁平圆形、断面矩形者为主,亦有断面工字形和梯形的。纺轮表面多数没有花纹装饰,少量刻划、戳扎各式花纹。这些花纹不仅仅是为了美观,它们还对辨别纺轮的旋转方向和判断转动的速度有帮助。晚期陶质纺轮数量减少,出现石质纺轮。石纺轮多数以暗红色叶蜡石磨制,亦有极少量用萤石制作的,打磨都十分精细(如图8)。纺轮在新石器时代墓葬中往往是作为妇女的随葬品,在男子墓葬中极少发现。由此可

见，自古以来妇女就是纺纱织布的发明者和生产者。纺轮中间都有一圆孔，可以插进一根小木杆，河姆渡文化发现许多小木棒，有些两头削尖磨圆，估计是插入纺轮中间圆孔的中心杆。纺纱的时候，先要用外力使纺轮旋转，把纤维拉伸并加捻成纱线，捻好之后把纱线缠绕在小木棒上，以便穿梭，这种小木棒就是"绕线棒"。考古工作者在田螺山发现两团小线团，线的粗细约2毫米，几乎与现今缝衣服的细线相同，从一个侧面反映了当时纺织业的发达程度。

"集纤成纱，织纱成布"，纺纱只是刚完成了纺织的第一步。接下来就是织布了。原始的织布方法是极为简陋的，把经线的一头缠在腰间，另一头固定到树杆、桩木或其他适于固定的地方，以"绕线棒"来回反复横向穿插，这横穿过的线就是"纬线"。再用刀、匕一类的工具把纬线扎实，使交织紧密，这叫"打纬"，打纬的工具叫"纬刀"。《淮南子》上讲："伯余之初作衣也，緂麻索缕，手经指挂，其成犹网罗。"大体上反映了河姆渡文化原始纺织业的情况。我国有些少数民族和一些民间家庭纺织小作坊过去也使用过这些纺织工具，如西藏门巴族和洛巴族用木刀打纬（也称"机刀"），海南黎族的纬刀除木质的以外，还因地制宜使用竹质的，它们的外形基本都大同小异。

图⑦ 陶纺轮
图⑧ 石纺轮
图⑨ 河姆渡先民纺轮纺线情景

从搓绳编织到纺纱织布

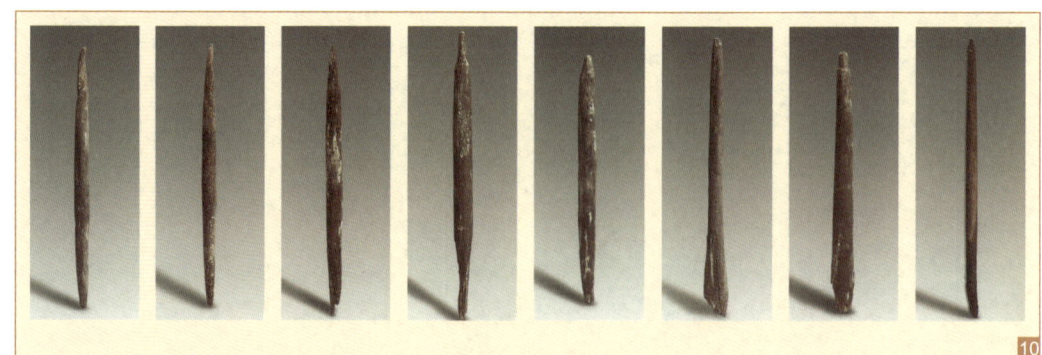

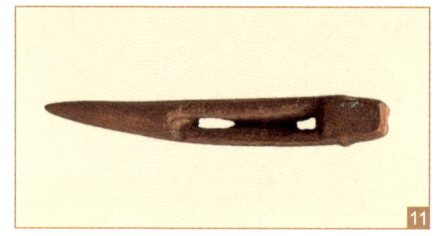

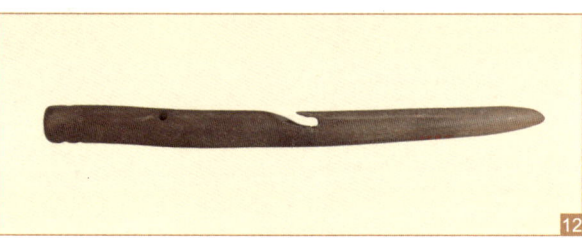

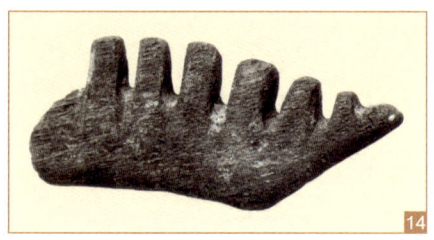

　　河姆渡文化发现一大批大小不同的硬木棒,断面圆形,有的一头削尖,另一头修平或磨圆;有的两头都削尖;也有的一头或两头都加工成小榫。这些尖头木棒和带榫小木棒,大多数是原始织机上的定经杆、综杆、绞纱棒、分经木之类部件(如图10)。梭是织纬的工具之一,起着引纬穿经的重要作用。河姆渡文化梭形器以鹿角磨制而成,其中有一件梭锋较尖,后端错磨出一周突棱,梭身正面凿两个长方形孔与背面所凿的长方形凹槽相通(如图11)。另一件梭身微弧,通体磨制得匀称光滑,中部有一倒钩,梭锋圆钝(如图12)。机刀,也称纬刀或打纬刀,一般多以硬木制成,背厚刃薄,也有用动物肋骨制成的。机刀较修长,大小有两种(如图13)。布轴,也称卷布轴,是原始织机上的重要部件。布轴的长度与人的腰部宽度相近,两端大多有缺口或凹

图⑩　各种小木棒应是纺织用的定经杆、综杆和分经木等
图⑪　骨梭形器
图⑫　骨梭形器
图⑬　木机刀
图⑭　木锯齿形器
图⑮　原始的纺织机

槽，以便拴系腰带以及防止布轴转动。木齿状器，器形都是扁长条状，一侧有锯齿，锯齿形状有三角形、梯形和梳形三种，可能是作为梳理经纱和固定经纱的工具（如图14）。根据上面这些纺织工具，结合民族学资料，专家们推测河姆渡先民已经使用原始的水平腰机——踞织机（如图15）。这种踞织机操作比较简单：通常在地上埋一桩木，用来系拴经线，经线的另一端系在织布者腰前的卷布轴上。人席地而坐，两脚伸直分置于织机两侧，然后加纬织布。河姆渡先民使用的织机操作过程依次是立刀引纬—用机刀打纬—提综开口—立刀引纬；再以机刀击纬—放综立刀—引纬打纬，如此一升一降反复进行。操作时一升一降，每次投梭引渡纬线，奇数和偶数的经线轮流交替成为底经和面经，持续不断，便可交织成布。

　　云南晋宁石寨山曾出土一件珍贵的汉代青铜贮贝器，它的盖子上塑有女奴隶主监工像，周围是一圈席地而坐的织布妇女塑像，形态各异，或双手捻线，或穿梭引纬，木刀打纬或梳理经纱，都塑造得十分逼真。她们使用的织机，正是踞织机。这种古老的踞织机，今天我们仍可以在四川省凉山彝族、海南省的黎族、云南省的景颇族、独龙族、傣族、纳西族、哈尼族、佤族、普米族、苗族、拉祜族等少数民族地区见到它的实物，是复原河姆渡

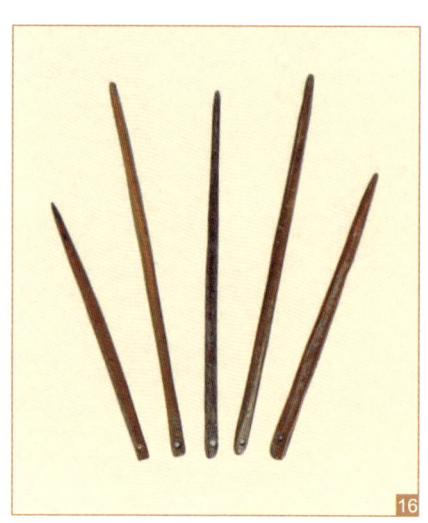 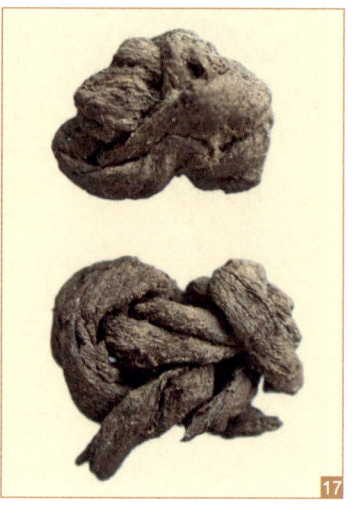 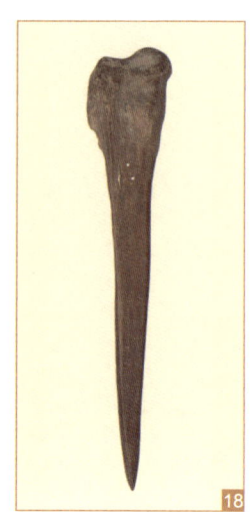

原始织机的主要依据。

　　缝纫工具，主要是骨针和一些细小的骨锥及小石锛等。骨针数量较多，长短不一，大小与现代缝麻袋的钢针相近（如图16）。一般磨制都较精巧细致，后端小针眼孔径仅1毫米左右，这就对缝纫用的线质量要求较高，不但要细，而且要软而坚韧，这从侧面反映了当时纺织业的发达。田螺山鱼骨坑内发现的两团细线，大小与米粒差不多，线的粗细正好能穿过骨针的针眼（如图17）。骨锥是用动物肢骨剖开后磨成，一般都较细长，锋部尖锐，磨得十分精细（如图18），用途类似于装订书籍使用的铁锥，先用骨锥在毛皮或纺织品上钻孔，然后穿针引线缝纫，这样可以减少骨针缝纫时被折断的几率。河姆渡文化出土少量磨制特别精细的小石锛，往往通体磨光，可直接用手捏着裁割兽皮或纺织品。

　　河姆渡文化虽然至今没有发现丝织物，但是蚕的形象已经出现。有2件象牙盖帽形器，其中的一件外壁刻弦纹两周间以斜向编织纹，中间雕刻有蚕形图案一周；另一件外壁也刻划斜向编织图案的宽带纹和近似蚕形（不完整）的图案各一周（如图19）。尽管蚕的形象还不足以表明当时已有蚕丝纺织，但河姆渡文化发现许多与编、纺织相关文物，如粗绳、细绳、苇编和刻有编

图⑯ 骨针
图⑰ 田螺山出土的细线团
图⑱ 骨锥
图⑲ 蚕纹象牙盖帽形器

织图案的骨匕等,缝纫和纺织的生产工具发现则更多,能肯定用途的有骨针和纺轮,与纺织有关的实物有定经杆、机刀、梭形器和布轴等重要织机部件,最为重要的是田螺山遗址发现的两团细线团,无不向我们传递出先民原始纺织的信息。总之,我们并不因为河姆渡文化未发现纺织品的实物而对当时纺织业的存在表示怀疑,相反地,通过对出土生产工具的分析,结合民族学的资料和古籍的有关记载,我们对河姆渡文化的纺织业的存在深信不疑。当时的纺织业不仅存在,而且不少工艺都符合科学原理。

【十】

「天工开物」

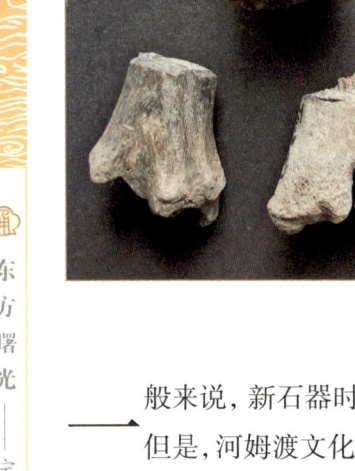
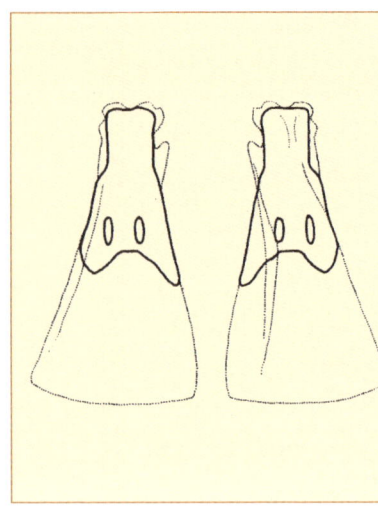

一般来说，新石器时代的人们，以石器为主要的生产工具。但是，河姆渡文化有着自己的特点，就是骨器被广泛用于生产和生活各个领域，其数量之大及种类的齐全使其他各类器物黯然失色。以河姆渡遗址为例，出土的6000多件文物中，骨器几乎达3000件，比石、陶、木等其他各类文物的总和还要多，种类多达20多种，形成了一个石器时代里的"骨器世界"。

河姆渡文化骨器种类有耜、镞、哨、锥、鱼镖、角锥、针、管状针、匕、棒、器柄、凿、笄、梭形器、鸟形器（蝶形器）、靴形器、牙饰、角饰等约20余种，真是琳琅满目，叫人目不暇接。这些骨器的用途广及农业、狩猎、捕鱼、纺织、缝纫、装饰等各行各业。骨耜用来开沟挖坑、翻耕刺土、构筑田埂、铲除芦苇杂草和加工动物皮毛等；骨哨、鱼镖等是渔猎工具；骨针、骨锥、角梭形器等是纺织缝纫工具；有些骨器不能单独使用，必须和其他工具配合才能发挥效用，如器柄，只有当它安上石斧、石锛以后才有使用价值；人体装饰数量很多，有骨、牙、角做成的各式各样的装饰用品，如供挂、插、坠、佩的胸饰、头饰、颈饰、耳饰等；有些骨器用途有多种，比如说骨匕，既可用作纺织时打纬的纬刀，也可在进餐时充当食具，还能充当制陶时的刮削工具，钻孔后刻上精致花纹又成为一件很好的装饰品。

图① 切割后废弃的动物骨
图② 肩胛骨加工骨耜示意图
图③ 骨器加工复原场景

　　河姆渡先民的狩猎活动比较频繁，收获颇丰，为先民提供了丰富的肉食来源，同时也为制作骨器提供了源源不断的原材料。其制作方法可分为两大类：一类是利用兽骨的外形，一般只需少许或简单的加工。河姆渡先民极其巧妙地利用动物骨头的原有自然形态，尽可能少加工，因骨制宜。如大型哺乳动物的肩胛骨上窄下宽扁，外形接近铲，稍经加工就制成骨耜（如图2）；肋骨又宽又长，对剖裁断后做成骨匕；尺骨的长端磨出双面刃就是骨凿；鹿和四不像的角分杈，稍经加工可以做成器柄；禽鸟肢骨中空、骨腔大，截取中段可制造骨哨；獐、野猪、老虎、熊等动物犀利尖锐的牙齿钻孔后可作装饰品，等等（图3）。

　　另一类需要经过多道复杂的工序才能完成。利用大、中型兽类坚硬、厚实的管状骨加工而成各种骨器，需要经过一道道复杂的制作工序才能完成。比如骨针，并没有现成的似针之形的骨头可以利用，是管状骨砸裂后剖成细长条，截成长短合适的骨料，用鲨鱼牙等细小利器钻出一个小孔，作为穿线的针眼，然后

图④ 鲨鱼牙钻与骨钻头

图⑤ 陶胎内掺和了大量炭粒的夹碳黑陶

在砺石上磨细磨圆和磨光。从一枚骨针的制作中，我们可以看到骨器的制作是何等艰巨与复杂，因此，也就不难理解为什么大多数骨器要尽量利用骨头的自然形态，仅在关键位置进行局部加工的原因了。

　　陶器是史前人类生活的日常必需品，炊煮、进食、汲水、储藏等都离不开它。陶器的质料脆而易破，必须不断生产，才能补充损耗和满足人们的需求。陶器的发明最早可追溯到新石器时代早期，最初人们用竹、藤、树枝等编成的篮子涂泥后盛水，因偶然原因篮子烧毁了，泥土却被烧硬并保持篮子的形状，由此发明了陶器。我国新石器时代早期的江西万年仙人洞出土陶片中，器内经常看到的篮纹样印痕，就是采用了用树枝编成陶器的模子，待泥土硬化后将篮模烧掉，这种最原始"模制法"制陶技术，已经有一万多年历史了。这种原始的陶器成型技术在云南沧源县佤族、台湾高山族聚居区一直保留到近现代。后来，人们经历了脱卸篮模继续整形的过渡阶段，才进入不用篮模，直接成型的制陶阶段。随着时间的流逝，陶器的质料、造型、工艺、装饰等各个方面都在不断地提高和改进，而且不同时代和不同地区所造的陶器都会不同。陶器的这些变化比起其他质地的器物变化更加明显，所以考古工作者往往根据出土陶器的质地、纹饰、形

5

状、工艺等特征,来断定其年代和分析文化面貌。

河姆渡文化陶器的数量多得惊人,仅河姆渡遗址一地出土陶片就达几十万片,其中完整器和复原器多达一千件以上,这在其他史前遗址中是十分罕见的。陶器自一万多年前发明以来,经过几千年发展演变,到了距今7000年前的河姆渡文化时期,先民的制陶工艺已渐趋成熟,且独具一格。

河姆渡文化制陶所选的泥土是就地取材的,但并不是随便什么泥土都能用于制作陶器,经过了长期实践,先民们最终选择了一种含铁量非常低的绢云母质黏土作为制作陶器的原料。为了减少坯体干燥和烧成时的收缩,防止产生开裂,同时为了提高陶器的耐热急变性能,先民在黏土中拌和了事先经过燃烧炭化的植物茎叶和稻谷等。由于这些炭化植物的大量存在,加上陶胎在烧焙中又未能充分氧化,因此陶质呈黑色,内胎黑得更甚,所以称它们为"夹炭黑陶"(如图5)。黏土中除了拌和炭粒以外,也有拌和砂粒的,这就是夹砂陶。在晚期阶段还出现了不掺任何其他材料,用比较纯净的黏土制作的陶器,叫作泥质陶。

陶土和炭末或砂粒拌匀后即可制坯成型。河姆渡文化陶器全是手工制作,后来出现慢轮修整技术。对于小型陶器,一般直接手捏成型,外面再涂涂抹抹,显得十分粗糙,烧好以后有的还

会脱落,露出原形。大多数陶器则是事先搓成长长的泥条,再把泥条一圈一圈叠起来,并抹平里外的接缝处,制成所需要的器形(如图6所示)。器物的把手、器耳、器嘴等一些所谓的"附件",都是先做好,然后安到器身的相应位置上,一般都是在器身已经成型未干时镶嵌上去的,待安好后再用湿泥糊住接缝处进行加固。这一工艺过程从出土的残片断痕上可以看得十分清楚(如图7)。

陶器雏形制成以后,为了让各层泥条间粘结致密牢固,内壁用手掌或其他器物抵住,外壁用拍子拍打陶坯表面加固。陶拍呈蘑菇状,柄部呈圆柱形,使用之前要缠绕粗或细的绳子(如图8)。还有一种刻划了花纹的拍子,做成扁圆形,拍面刻划绳纹。云南西盟佤族和景洪傣族常用鹅卵石作拍打陶胎时的抵手,河姆渡先民除了直接用手掌外,也许用鹅卵石作抵手。经拍打加固后的陶器往往还需要刮削打磨,目的是使器表光亮致密,掩盖制作和拍打痕迹。刮削打磨工具一般用窄长的竹或木片制成,一端作斜刃,形如匕首,也有刃部为半圆形的,是刮削陶器表面或修整口沿等必不可少的工具,河姆渡文化陶器的刮削工具可能包括骨匕(如图9)。

陶器经加固、修整后,往往在未干之前还要刻划花纹进行

图⑥ 泥条盘筑法制陶
图⑦ 器物附件安装方法
图⑧ 陶拍
图⑨ 骨匕

装饰。河姆渡文化陶器的装饰注重实用,根据陶器的不同用途、质料和部位,施以不同的花纹装饰。我国远古人类有席地而坐的习惯,故陶器装饰大多选择在人们席地而坐时能够看见的部位,如陶器的口沿及颈肩部,或不太易磨损的部位。装饰手段主要有刻划、压印、拍印、戳印、按捺等多种。最常见的纹饰是绳纹和几何纹,其次是弦纹、谷粒纹、贝齿纹、波浪纹、锯齿纹、圆圈纹、蓖点纹和禾叶纹等,其装饰图案或简或繁,组合有序,具有强烈的地方色彩。在陶质较差的陶器或陶器中较隐蔽易磨损的部位,如腹部、底部、外口沿突脊下,干脆没有装饰,或者装饰简单粗糙。绳纹普遍见于陶釜下腹部和底部,是用缠绕绳子或刻划绳纹的陶拍或木拍拍印而成。在陶器表面拍印绳纹最初是为了加固胎壁,后来发现拍印细而规则的绳纹能美化器物,起到装饰的作用,所以被保留了下来。此外绳纹所形成的凹凸不平的器表,在烧火做饭时可增加吸热量,缩短炊煮时间,同时也减缓了炊煮过程中剧热、剧冷对陶器的破坏作用。其实绳纹还有一个重要作用往往被人们所忽视,这就是陶釜底部的绳纹能够增加与釜支架之间的摩擦力,这比底部光溜溜地架在釜支架上更加不易滑动和晃动,增加了陶釜烧煮米饭时的稳定性。陶器上的线段、弦纹、波浪纹、圆圈或刺点纹是由骨(角)锥、木锥刻划、锥

刺而成。骨（角）锥，锥尖磨制精细，其余部位略加刮磨，以便手握，其中相当数量用鹿角及动物骨制成，锋部圆钝，显属刻划陶器花纹图案的工具。有一件木锥，有圆而束腰的柄部，下为细小的尖锥。至于贝齿纹，是以带齿的贝壳边缘压印，有的圆圈纹则用稍经加工的禽类肢骨或芦苇管戳印而成，有些陶器所附的突脊或把手上，也有以手或指甲捏捺、掐印出花纹的现象。以直线、竖线、斜线、曲线、圆圈、圆点等纹样构成的几何纹是仅次于绳纹的陶器装饰，大多见于日常生活用器的口沿和肩部，罐和纺轮上少见。禾叶纹多运用曲线连接，线条流畅自然，构图意境讲究对称，常以植物的叶与茎相间排列成三角形，有的中间还以弧线或圆圈点缀，并以此连环相接，多施于盆、盘的口沿，也偶见于釜的口沿。

　　考虑到器物各自的不同用途，对盛储器罐、盆、盘和单把钵类，在成型后还要蘸水涂抹和打磨外表，使之沁出一层泥浆，并使表面致密光亮，这样表面的成分中泥土的比例上升，烧成以后胎心为黑色，而表面却呈现出泥灰色或淡褐色。后来发展成涂抹化妆土，如陶盉表面施一层含铁量较高的化妆土，并在充分氧化的环境下烧造，烧成后陶盉外表呈鲜红色，这种涂抹的化妆土叫陶衣（如图11）。也正是在对器物表面进行处理的过程中，产

图⑩ 陶釜腹部拍印绳纹及颈部未完全打磨掉的绳纹
图⑪ 饰红陶衣的陶盉
图⑫ 彩陶片

生了一种新工艺——彩陶工艺。河姆渡文化的彩陶是在陶胎外加上一层厚厚的化妆土,这层化妆土质地细腻,颜色灰白,打磨光亮后,再在上面绘上黑色的图像,彩质浓厚,画面明朗,表面有"釉"质感。它跟仰韶文化和跨湖桥文化的彩陶不同,带有浓厚的地区和时代特色。可惜所见数量太少,至今未见完整器,从仅有的资料判断它们是罐类器物的残片(如图12)。

陶器成型并晾干后可以焙烧了。一般说来,烧制陶器总得有一座窑,不过,较原始的制陶术并不用窑。如云南佤族先把制好的陶坯放在炭火上预热,再架柴燃烧,烧好后扒开灰烬让其自然冷却即成陶器,就没有什么专用陶窑。景洪曼斗寨傣族是在平地上用树枝和木片铺起窑床,烧的时候先将预热过的陶坯趁热放在窑床上,放好后在上面和四周包裹稻草,再在稻草外面涂泥封窑,窑体就是这层薄薄的泥壳。河姆渡文化至今没有发现窑,可能当时也是平地堆放陶器,盖上柴草,敷以一层薄薄的泥,点火就烧,等烧好了一扒开"窑",事后就荡然无存。由于烧制陶器的技术还相当原始、落后,陶窑的结构简单,密封性能差,难以控制烧成环境及火候,烧成后的陶器表面颜色斑驳不均,一块红,一块黑,一块灰,烧成的温度也不高,一般在800℃~850℃之间,最高不超过900℃,所以早期陶器器壁往往较粗厚,胎质疏松,硬度低,吸水性强。

　　河姆渡文化晚期阶段已能按不同的用途分别选用夹砂陶和泥质陶。如炊器多用质硬耐高温的夹砂陶制作,而盛贮器多用泥质陶制作。当时已有一部分人专门或大部分时间从事陶器的制作和烧造,以保证先民对日用陶器的需求。因此,河姆渡先民也可能建造了相应的固定陶窑,并且已能够根据封窑与否来掌握和控制烧制陶器时的氧化 — 还原气氛,以获得外表颜色不同的陶器。比如,选择较高处挖筑半洞半露的窑,窑底码上干柴,中间叠放陶器,上面再覆以柴,表面糊上泥,并设相应的烟囱,根据需要,决定是否糊住火门和烟囱。

　　河姆渡文化石器的器形普遍较小,大多高 5~7 厘米,最大的高 10 多厘米。制作也较为粗糙,器物表面常留有各种制作痕迹,通体磨光者甚少。石器类型根据用途主要是石斧、石锛、石凿等小型木作工具,磨砺工具砺石,少量石纺轮、石刀、石网坠,以及玦、璜、管、珠等人体装饰品。

　　关于石器的原料,地质部门曾作过鉴定。时间较早的石斧、石锛、石凿等木作工具多为硬度高、韧性好的黑色或深灰色燧石、硅质岩,是继承了旧石器时代的石器选料传统。这种石料的特点是质地坚硬,摩氏硬度在 7 左右,与现在的钢铁硬度相当,拿到玻璃上轻轻一划,便会产生一道深深的划痕,石器却毫发无伤。但是磨砺难度大,一旦磨出锋利的刃口,就不容易磨损,缺点是碰到坚硬的加工对象时容易崩裂,影响使用效果。河姆渡文化早期的石器仅刃部仔细磨光,其他部位磨得很马虎,仍然保留了粗糙的琢击痕迹,有的局部表面甚至残留着原始的自然面貌。到了距今 6000 年以后,石料基本上改用硬度稍低的青灰色、灰色或灰白色泥质硅岩和凝灰岩。泥质硅岩和凝灰岩质地细腻,硬度较低,磨砺相对较为容易,因此整器精细磨光,器表难觅制

图⑬ 砺石上槽形磨痕
图⑭ 留有打琢痕迹的石斧

作过程中粗糙的琢击痕迹。

石纺轮选用了暗红色叶蜡石和灰白色（或略带绿色）萤石。叶蜡石的硬度较低，质地松脆，磨砺较为容易。距河姆渡不远的鄞州以前曾开采叶蜡石，制作成镌刻石章坯料在市面上出售。萤石，又叫氟石，中等硬度，具有明显的解理，也就是比较脆，南部四明山中蕴藏丰富。萤石除了制作石纺轮外，还大量制作玦、璜、管、珠等装饰品和石弹丸等。（如图15）装饰品中还有少量质地较差的玉，因未作成分鉴定，其组成及产地目前还不清楚。

砺石和石球选用的是附近山谷溪滩中俯拾皆是的淡红色中细粒石英砂岩及磨圆度好的砾石，无需进一步加工便能使用。

根据石器上的加工痕迹，我们可以复原石器的加工程序。先民们从附近山上采集石头原料，经过最初的砸击打制，大致加工出器物毛坯，然后对毛坯的各个部位进一步精细打琢加工，最后对刃部等进行仔细磨砺。在制作过程中，制毛坯和对毛坯的精细加工处理需要用石锤敲击捶打，这种"石锤"实际上是已经废弃不用的一些石质工具，如有些废弃的石斧表面布满打击时留下的伤痕，就可能是作石锤用的。最后一道磨制工序在砺石上进行，经过精细磨制后刃部非常锋利。

河姆渡文化除了磨制石器以外，还有许多打制小石器，所用

东方曙光——宁波史前文明

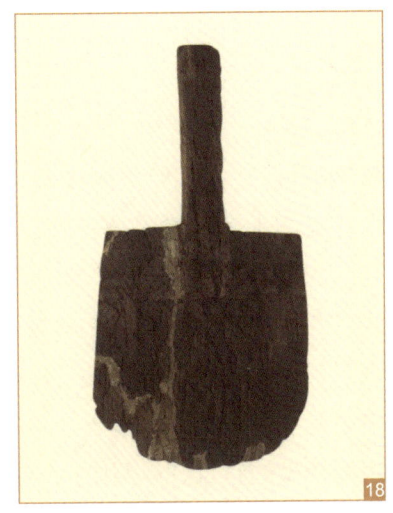

材料都是一些韧性好、硬度高的燧石。燧石易打难磨，是旧石器时代原始人类常用石料。河姆渡文化的打制石器大多从石块上打下来以后就直接使用，罕见二次加工者，器形有刮削器、尖状器、切割器等，有些刃部可以看到使用痕迹（如图16）。这些燧石质打制小石器的发现，为寻找河姆渡文化源头提供了重要线索。（见后文《河姆渡文化来源与去向》篇）

木器是人类最早使用的工具之一。但是由于木器容易腐烂，在地下保存几十年、上百年，就很少有不烂的，保存几千年不朽的木器更是罕见了，因此考古发掘中出土的木器只是凤毛麟角。

余慈平原地区的独特地下埋藏环境，使大量有机质文物得以良好保存。河姆渡文化正是得益于上述有利条件，出土了大量木器，种类有耜、锨、杵、刀、匕、槌、铲、锄、矛、碗、筒、豆、小木棒、器柄、纺轮、陀螺、鸟形器（蝶形器）等。其中不少器物是过去很少见到或根本没有见过的，所以很难为它们命名，只能以其形状命名，更谈不上弄明白它们的用途了。

木耜是仿照骨耜外形砍削磨制而成，用途与骨耜相同，在先民的稻作农业中发挥了重要作用。木锨形似现代的铁锨，但

图⑮ 萤石制品
图⑯ 打制小石器
图⑰ 木铲
图⑱ 木锨

器柄较短,比木耜要宽阔许多,用途值得进一步讨论(如图18)。木杵有的头部呈球形,柄较长,有的头部为长圆柱形,柄较短,它与臼配套使用,用于舂米和加工其他食物。器柄是和石斧、石锛或骨耜捆扎后作为复合工具使用的。纺轮是一种用途明确的纺织工具,刀、匕有时也用于纺织,是扎紧纬线的机刀。木矛在狩猎中是很有效的扎戳武器。两头尖、质地硬的木棍,作用相当于用鹿角做的角锥,既可用于农业上的点穴播种,也用来在采集野生植物时挖根刨茎。木槌是加工捶击用具,它由槌头和槌柄两部分组成,两者连成一体,槌头上的凹窝是经过长期捶击使用的证据。木碗和木豆等是生活用具。木筒和鸟形器(蝶形器)等的用途还不清楚。

制作木器的材料大多是质地疏松的桑属树种,还有楷树、圆柏、无患子、柘属,以及银杏,这些木材有加工方便、防潮抗腐和纹理优美的特征。木器的制作大多数都要经过切断、剖开、砍削、挖凿、修磨等工艺,所有这些工艺是离不开石斧、石锛和砺石等石质工具的。对于有些生产工具,最后还有一道火烧硬化的特殊工艺。用火硬化这一措施年代久远,早在旧石器时代人们就已经掌握了这一技术,如英国萨克逊郡出土的旧石器时代早期的木矛头,用紫杉做成,尖端就是用火烧法硬化过的。民族学上也有类似的例子,如大洋洲的土著居民,木矛和挖地用的棍棒,尖头也都经火硬化过。因此,河姆渡先民的木棍尖头上的火烧痕迹极可能是出于加固强化的目的而形成的。

【十一】爱美之心人皆有之

爱美之心人皆有之。追求美丽是人类的天性，早在旧石器时代人类便注意妆扮自己。有的地方喜欢红色，把红色和血液、生命、灵魂联系起来；有的地方把贝壳钻孔后连成一串，围在胸前或脖子上，这是原始的"项链"。随着生产力水平的不断提高，人类有了更多的闲暇时间和精力来认识和创造美。7000年前的河姆渡先民也不例外，喜欢把自己打扮得漂漂亮亮的。

宁波在商周时代属于越族居住地，传说越人断发纹身。然而河姆渡先民既不断发，也不披头散发，而是用骨笄束发。骨笄大多用较厚的骨片磨成，也有用象牙制作的，大致有细长条形和前细后宽扁两种，后半部大多刻有弦纹与斜线纹或编织纹等相间组成的精美花纹，表示主人对它的喜爱（如图1）。河姆渡先民束发以后，还要插戴鸟羽等其他饰物，因为我们发现许多小的陶塑人头像，在头顶有一排小圆孔，原来应该插有羽毛等装饰物（如图2）。南部的四明山区盛产萤石，这是一种半透明岩石，在阳光下会闪烁清淡的绿光，晶莹剔透。河姆渡先民视它们为"美玉"，把萤石加工成玦、璜、管、珠、环等人体装饰品（如图3）。玦相当于今日的耳环，外形为一圆环切开一个小口子，佩戴方法犹如今天穿挂金属耳环一样，先在耳垂上穿一耳洞，然而从玦的缺

图① 象牙发笄
图② 陶塑人头像
图③ 萤石制作的装饰品
图④ 玉玦

图⑤ 玉璜
图⑥ 鱼骨饰件
图⑦ 角饰件
图⑧ 牙饰件

口处穿过耳洞，顺势将缺口转向下方，便把玦挂在耳垂上了（如图4）。璜弧形，一端对钻一小孔以便穿绳，与管、珠等一样都是胸饰和项饰（如图5）。河姆渡先民还把鱼类脊椎骨稍加磨制并扩大中间圆孔贯串起来作为装饰品，佩在胸前或挂在脖子上（如图6）。还有一类是小鹿等动物角根部错磨后钻孔，穿绳佩挂于胸前或脖子上（如图7）。人体装饰品中还有一些用虎、熊、野猪等凶猛野兽的牙齿做成的（如图8），要猎取它们需要极大的勇气和智慧。因此，能够佩挂它们的人，自然是勇气和智慧的象征。

还有一种挂饰就是非常稀罕的象牙圆雕骨匕。象牙圆雕骨匕都做成长尾的鸟形,似翱翔天空俯瞰大地的雄鹰。象牙质地细腻、坚硬,在没有金属工具的史前时代要加工它们并非易事。首先要把象牙切成片,剖成大小合适的长条状,然后用石斧等工具大致砍削出毛坯,再精工细磨做出半成品,最后仔细地刻上花纹。经过上述复杂加工工序以后,一件精致的象牙圆雕骨匕才大功告成。它是河姆渡先民高超精湛的雕刻技艺的代表作品(如图9)。象牙圆雕骨匕腹部的突脊上有供穿绳佩挂的小孔,但是这样精致的饰物并不是人人都有资格佩挂,恐怕只有氏族首领或英雄才能佩挂,是身份和地位的象征。

河姆渡先民对美的追求不仅仅局限于人类自身,还推而广之,在各种日常生活器物上也加以装饰,把实用和审美完美地结合在一起。这种装饰几乎遍及陶器、骨器和木器。陶器以刻划繁复的花纹装饰为主,有拍印绳纹,戳印、压印几何形图案,以及贴塑动物图像和彩绘等。绳纹是用绳索缠在陶拍上,在陶器将干未干时拍成,最初是制作陶器的一道必不可少的工序,目的是为了加固陶器胎壁,后来发现有规律的绳纹也比较美观,于是作为一种装饰手段被保留了下来。绳纹仅见于陶釜的腹部和底部,其余器形的绳纹都被刮削打磨掉了,有些陶器由于刮削打磨

图⑨ 鸟形象牙圆雕骨匕
图⑩ 器座
图⑪ 刻花陶纺轮

得比较马虎,局部表面仍能隐隐约约地看到当初拍印的绳纹痕迹。几何形图案是用骨锥、骨管、植物枝条和贝壳口缘等作工具刻划、戳印或压印而成,花纹样式有弦纹、贝壳纹、谷粒纹、短斜线纹、圆圈纹及叶纹等。先民选择这些平淡无奇的花纹,经过不同排列组合构成丰富多彩的纹饰。以河姆渡遗址为例,仅第四文化层就有104种不重复的组合纹样。这些图案,大多饰于釜的肩部和口沿,盂形器的肩部、器座,一部分罐的颈部、盘的口沿、纺轮和弧敛口钵的口沿也有此种装饰图案。有些釜的颈部偶尔还可以见到用箆状工具划的箆纹。彩陶工艺也是一种装饰艺术,表面上一层致密均匀的灰白色"化妆土",再用黑色和褐黑色绘出阔叶纹,构图新颖,设色艳丽,预示着彩陶工艺的发展前景。

  随着时间的流逝,到了距今6000年以后,陶器表面的装饰逐渐简化和减少,大多数陶器演变成素面无纹,但是也出现了一些新的装饰手法,如施红或黑色陶衣、镂空、堆纹等。施陶衣是指在陶器外表上一层"化妆土",这种"化妆土"的含铁量很高,假如是在很强的氧化环境下烧成,器表呈鲜艳的红色,称为红衣陶;在还原环境下烧成则呈黑色,称为黑皮陶。镂空主要见于豆把上,有弧边三角形和圆孔等。堆纹多见于一种外表施红色

陶衣的陶釜肩部。以前的刻划、戳印等装饰手法依然存在。

　　陶器上除了刻划几何纹进行装饰以外,还在罐、盆、钵腹部偶见刻划与生活有密切关系的如禾苗、谷粒、树叶以及猪、鱼等动植物图案。不少人把它们看作是河姆渡先民的绘画作品,也未尝不可。这类陶器大多制作精细,造型优美,作品线条流畅、笔法简炼,刻画的动植物形象生动、情趣盎然,表现了作者对大自然细致入微的观察和对美好生活的礼赞。题材也极为广泛,大自然的花草树木、飞禽走兽均被纳入创作的范畴。这其中,以反映农业经济和采集经济的植物性题材在数量上比反映渔猎经济的动物性题材要多得多,有谷粒、叶脉、花草、籽实等图案。如一件外形似马鞍形的陶块,正面刻出一个用双线表示的长方形容器,其上是一株叶片硕大的植物,五片叶子一叶居中直立,两边各有两片叶子两两对称,下部用斜线代表植物的根须,线条简洁明朗,粗犷有力(如图12)。另一件砖形陶块,一面也刻类似的植物,在一长方形容器上,有一株叶片粗壮的三叶植物,侧面刻叶芽纹(如图13)。有人认为这两件陶块表明先民已经盆栽植物了,五叶纹和三叶纹植物是万年青,表达了河姆渡先民祈求农作物丰收的愿望。有一件陶钵的底部,画四片相互对称的叶子,叶柄连结于中心一点上,四片叶尖几乎把圆周四等分。有一

图⑫ 五叶纹陶块
图⑬ 砖形陶块
图⑭ 稻穗纹盆
图⑮ 猪纹方钵
图⑯ 鱼藻纹盆(正面和背面)

件陶盆的外壁,刻一株沉甸甸的稻子,中间的一根稻穗直立,两侧对称刻划向两边下垂的稻穗,形象生动,一派稻谷丰收的景象呈现在眼前(如图14)。动物性题材以猪和鱼较为常见。有一件长方形的陶钵,两个长侧面各刻划出外貌基本相同的猪纹,图案明快,笔法有力,从撅起的长嘴到摆动的尾巴,从身上的卷毛到背上的竖鬃都表现得淋漓尽致、惟妙惟肖(如图15)。有一件乌黑发亮的大陶盆,腹外壁刻划一组鱼藻纹,似是肥美的鱼在挺立的水草中不紧不慢地来回游动,形象虽不怎么逼真,但构思巧妙,情趣盎然,表现出一幅水阔鱼跃的生动景象(如图16)。有一件龟形陶盉,俯视顶部设计成昂首张口、翘尾的龟鳖一类背部形状,形象生动写实,背部中脊线两侧对称布满谷粒纹,上腹部刻六只猪和鹿图案,形态自然,特征明显,尾部还刻有一个"火焰纹"(如图17)。整个陶器制作精细,刻划图案十分精细,线条流畅,图案美观,是一件具有高度艺术性和思想性、集中代表河

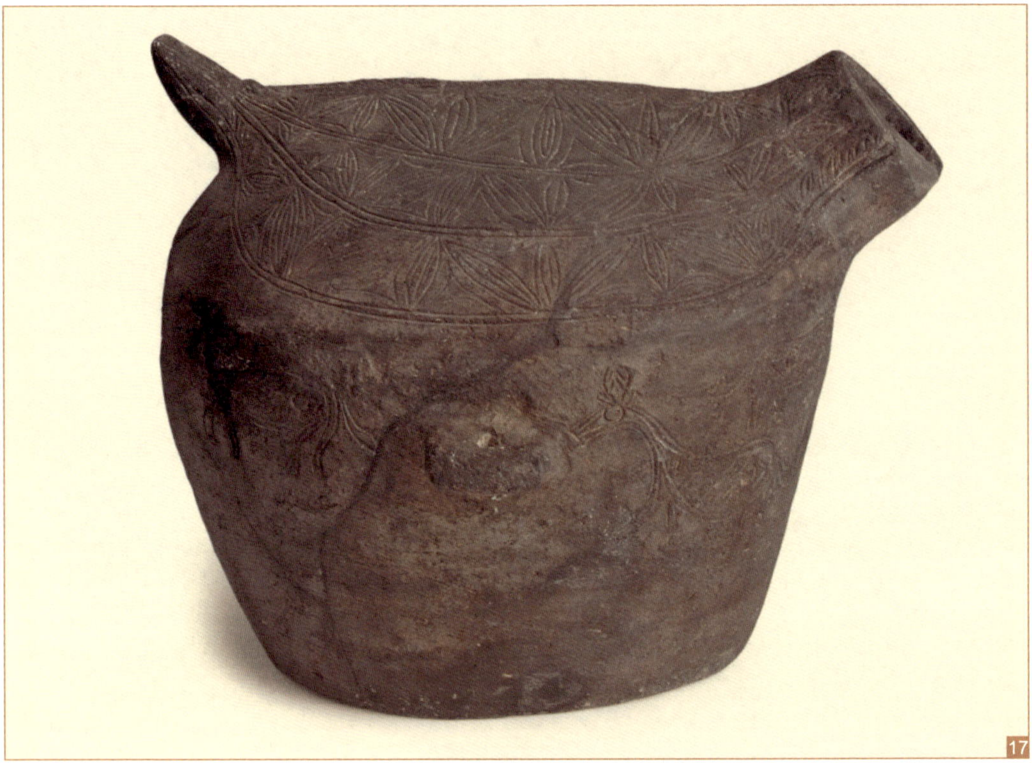

17

18

19

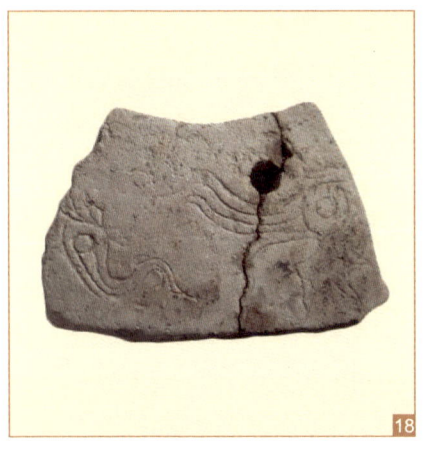

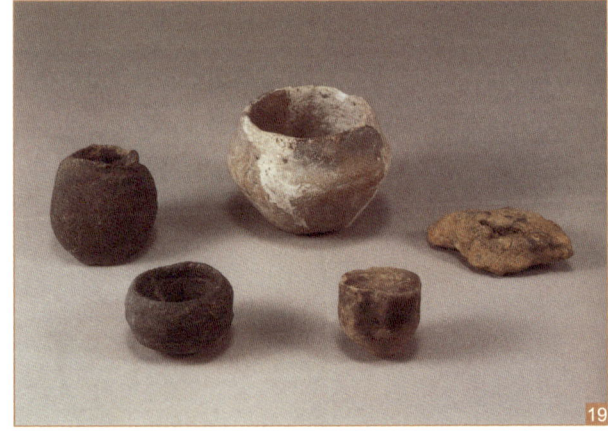

姆渡文化艺术水平的杰作。在一片残陶片的上下各刻一条头相向的鱼或蛇形象，身体弯曲，线条流畅（如图 18）。这些鱼藻纹盆、稻穗纹盆、猪纹方钵、龟形陶盉、五叶纹陶块等作品，都是河姆渡文化灿若群星的陶器装饰艺术品中的佼佼者，反映了河姆渡先民祈求农业丰收、畜牧兴旺的美好愿望。

陶器中还有一种陶塑作品,造型比较朴素,大多数是随手捏塑出来的陶玩。这类作品器形都比较小巧,一类为模仿日常生活用具,另一类是模仿自然界的动物形象。前一类作品有釜、罐、盘、钵等,小的只有半只乒乓球那么点大,大的也不过一只鸡蛋大小。这么小的陶器根本不会有任何实用价值,显然是一种陶质玩具(如图19)。大概是在制作陶器的过程中,跟随大人身边的儿童,从制陶泥料中抠出一点,或利用剩余的泥料,模仿大人样子,依葫芦画瓢随便捏塑出来玩的。另一类捏塑的动物形象,大部分和前一类相同,是儿童随手捏塑的玩具作品,算不上真正的艺术品,它们的形象在像与不像之间,我们现代人要想读懂它们只有连蒙带猜了。如那件腹部下垂的小陶猪(见《驯养狗猪为家畜》图4),前后躯大体上各占一半,似乎还在笨拙地挪动着身躯。这件作为家猪形象的代表作品,捏塑得还算比较生动形象,其余的所谓羊、狗、鸟及许许多多难以一一辨认的动物作品,为后人提供了广阔的想象空间,而真实的创作对象究竟是何种动物只有制作者自己知道了。

陶塑作品中也有一些比较写实的,如陶鱼,两鳍塑成翅膀状,浑身戳圆圈作为鳞纹,意在表现游鱼(如图20)。还有一件陶塑作品形体较大,质地酥松,出土时酥成一堆,待修复后一

看，原来这件陶器外形古怪，前后腿粗壮，全身密密麻麻地刻划圆圈、谷粒、弧线、网格纹和编织纹等甚为细致，有一种观点认为是"大象"（如图21）。一件外形类似釜支架的陶塑，侧视很像长鼻子的大象，可惜"长鼻"断得较严重（如图22）。

在陶器的表面浮雕也是河姆渡先民常用的装饰手段。浮雕表现的多为鸟禽虫一类的小动物。如一件陶钵，口沿上有小蟓螈的浮雕，取的是正在匍匐而动的形象。有一件是在陶器盖子上浮雕出两只燕子，昂首奋翼，犹如双燕在空中自由翱翔（如图23）。还有一类是戳印的，以表现人脸为多，如一件残陶器钮上戳上大小形状不同的圆窝，分别代表了人的眼、鼻、口（如图24）。另一件釜支架，器形近似喇叭状，用手指戳印出大小形状不同的圆窝，代表人的眼、鼻、口（如图25）。还有一件动物形小陶塑，倒三角形脸，戳印小圆圈代表眼、鼻孔和嘴，形态十分可爱喜人（如图26）。这类造型外表都比较粗糙，但都能抓住事物的本质特点，塑造得栩栩如生，可见造诣之深。

骨器的装饰花纹比陶器简单，但其美观并不因此而逊色。在部分生产工具的柄部和生活用品的某些部位往往有装饰图案，以刻划弦纹与斜线组成的各种几何形图案最为普遍，线条简洁，结构紧凑，排列有序（如图27）。也有少数阴刻或钻刻鸟或

图㉑ 兽形陶塑
图㉒ 象鼻形釜支架
图㉓ 堆纹双飞燕器盖
图㉔ 人面纹器耳
图㉕ 人面纹釜支架
图㉖ 兽形器钮
图㉗ 刻纹骨片

⑱

其他动物图像的,习惯用圆窝纹作装饰,如有的以圆窝作为图案的中心,或中心图案周围的对称装饰,也有以圆窝作为动物的眼睛,更有用细密的小圆窝组成动物的整体形象。

在骨器中,最为精美的要数象牙雕刻件,尤其是以各种立体圆雕工艺最为精致,是河姆渡文化最高艺术水平的代表作。

象牙,材料珍贵,质地细腻坚硬,时至今日,象牙雕刻工艺品仍为人们所珍爱。而早在7000年前,河姆渡先民仅凭简陋的石器、骨器等生产工具,通过切割、砍削、磨砺和刻划等多道工序,已能制作出精美的象牙制品。

河姆渡文化象牙雕刻以精磨细刻见长,以细腻动人取胜。有的做成展翅高飞的鸟的形状,不妨称它们为鸟形器,也有叫作"蝶形器"的。这类鸟形器(蝶形器)不仅磨制精细,而且正面都有精细繁杂的刻划纹饰。有一件鸟形器(蝶形器)正面刻五个同心圆代表太阳,外围围绕一周短放射线,象征太阳光芒(如图28)。另一件磨得很光滑,正面刻划五个同心圆,外围周边上刻着火焰纹,似象征烈日火焰,两侧各刻对称的回头望顾的长嘴勾喙引吭啼鸣的鸟,刻工精细,线条流畅(如图29)。还有两件盖帽形器,根据其外形椭圆而内挖成长方形孔的特征,推测其用途有可能是与某种制作成凸榫形顶端的器柄相卯合后使用的装饰

图㉘ 太阳纹象牙鸟形器
图㉙ 双鸟朝阳象牙鸟形器
图㉚ 连体鸟纹骨匕柄

艺术品附件，侧边所钻小圆孔起销钉孔的作用。帽沿外面刻上编织图案和小蚕爬行的图案各一周。还有的是立体象牙雕刻，就是上面讲的象牙圆雕骨匕。

鸟形象作品除立体雕刻外，还有平面刻划而成的，它们与立体雕刻表现形式不同，却有异曲同工之妙。跟双鸟朝阳象牙雕刻鸟形器（蝶形器）可称为姐妹作品的另一件刻划双鸟纹骨匕（如图30），是一件断掉的骨匕柄，上面刻划两组相类似的图案，两组都是以一圆窝为中心的双头鸟，双鸟皆有犀利的尖嘴，头向相背，与双鸟朝阳象牙雕刻里双鸟相向的姿态不同。两组双鸟纹结构严谨而不呆滞，线条流畅而不混乱，以刀法细腻著称。

木器大多数磨平表面后就可以使用了，很少进行装饰。对

于木器的装饰主要有刻划、雕刻和髹漆等工艺。如一件 T 形木器柄，一面的捉手部分雕刻成鱼形，鱼的各部分都雕刻得十分精细到位，形象十分生动，柄部也刻上平行的横线、短斜线相间纹饰（如图31）。另一类是木构件上的雕刻，如在一块两头带有小榫的木板上刻有两个对称的双圆，在双圆两侧刻划有直线和斜线组成的图案。另一块两头带有扁榫的木板正面刻大象纹，大象的长鼻向前卷曲呈横 S 形，象身上刻满圆圈纹、叶芽纹及其他短斜线等作为装饰，上下两端刻弦纹中间夹叶芽纹（如图32）。还有一块木板上，一面刻划一头身体硕大腿短而粗壮的动物形象，可惜关键的头部已经残失，难以辨认究竟是何种动物。这类木构件一般两头带榫，估计是房屋建筑上的装饰件。

木器的雕刻工艺主要有透雕和立体圆雕。透雕作品以双鸟木雕神器为代表，双鸟轮廓透雕而成。立体圆雕以小木鱼为代表，鱼的形象十分传神（图33）。

对于木碗、木筒、木鸟形器等器物来说，最后一道工序就是对表面进行最后的上漆。我国制作使用漆器的历史源远流长。根据《韩非子·十过》和《说苑》等古籍记载，早在传说中的舜、

图㉛ 鱼形木器柄
图㉜ 刻大象纹木板
图㉝ 圆雕木鱼
图㉞ 红漆木碗
图㉟ 漆木筒

禹时代已使用漆器,并且已经出现红漆和黑漆等配色工艺,而且漆器往往作为身份地位的象征,而不是人人都能够享用。考古发现表明,我国使用漆器的历史要早得多,至少7000年前的河姆渡先民已经使用漆器了。

河姆渡文化漆器都是木胎,制作十分精细,表面精心磨光,髹漆有整器和局部之分。木碗不大,相当于现在的小饭碗,单手即可捧起,外表做成椭圆瓜棱形,中间挖出一个圆圆的空间,底部带着圈足,表面上了一层朱红色漆,色彩艳丽夺目。根据中国科学院高分子研究所鉴定,这种朱红色涂料经裂解后,涂氯化钠盐片,用红外光谱分析,其光谱图和马王堆汉墓出土漆皮的裂解光谱图相似,这一科学鉴定使河姆渡文化漆器得到了举世公认(图34)。木筒是截取一段长34厘米、直径20厘米以上的较大木头,加工成上下等径的圆柱体,再将内部挖空;也有剖成两半挖空后再粘合起来的,浑如一段中空的毛竹筒。内壁的不同部位加工隔档,中间塞一木质圆饼,外表磨得滚圆。外壁的两头扎上藤篾一类的圈箍,再髹上漆,也有先髹上漆再扎上藤篾一类的圈箍。上漆以后的木筒表面微微泛出金黄色的光彩,十分精致(图35)。这种木筒以其形制特殊、制作精细而为人瞩目。鸟形器(蝶形器)做成扁平形,外形有的如同舒展双翼飞翔的鸟,有的犹如立鸟，外表磨光，也上了漆。上漆的方法有多种，有的正面整体上漆，有的仅勾画两侧圆窝外的圆框，有的则仅填画两个圆形凹坑。河姆渡文化的这些漆器是我国迄今发现的最早的一批漆器，年代大约比马王堆汉墓漆器早4000多年，它们的出土把我国用漆的历史推前到7000年前。

【十二】

太阳神的故乡

在混沌初开的人类早期，人们对变化万千、错综复杂的各种自然现象无法作出科学的解释，往往把生活中的得失成败归因于自然力。得，看作是自然的恩赐；失，则是自然的惩罚。把自然现象超自然化和神化进行崇拜，以求得精神上的安慰，因而出现了最早的宗教观念。最初产生的是自然崇拜，它是人们对变幻莫测的自然现象加以神化的产物，崇拜对象包括天体、自然力和自然物三个方面，如日月星辰、风雨雷电、山川石木、鸟兽鱼虫等等。这些都是与人们的生产生活关系密切的自然物、动物或植物，古人认为它们具有特殊的神秘力量，予以崇拜和祭祀，并借助骨雕、牙雕、木雕、陶塑等艺术作品加以表现，从中寄托信仰、情感、习俗和祈求等。

河姆渡先民也崇拜自然界的万事万物，许多陶器、骨器和木器上刻划和雕刻了各种与先民生活紧密相关的动物、植物和太阳等纹饰，甚至还将器物雕刻加工成动物形象，而其中鸟和太阳的形象出现得最多，器物也最为精致，体现了河姆渡先民对鸟和太阳的崇拜心理。

河姆渡文化出土文物中有许多鸟、太阳以及鸟与太阳相结合的图案和形象，计有堆塑"双飞燕"器盖、木雕鸟形器（蝶形器）、双鸟木雕神器、连体鸟纹骨匕柄、鸟形象牙圆雕匕、太阳纹象牙鸟形器（蝶形器）、双鸟朝阳象牙鸟形器（蝶形器）等，数量远远超过猪、狗、羊、鱼等动物题材的作品，而选用的材料之好、雕刻之精美也远非其他的作品可比，这在其他史前遗址中极为罕见。其中少数几件作品已经脱离了写实的描摹，是制作人根据想象进行大胆的创作，反映了河姆渡先民神秘的精神世界。

堆塑"双飞燕"器盖，所堆塑的双燕犹如在空中自由翱翔，昂首奋翼。木雕鸟形器（蝶形器）为整木雕刻，有两翼对称和不对称立鸟形两种。一种似展开双翼翱翔天空的飞鸟，两翼近端的圆角处正面各挖一个圆窝，有的整器表面髹上黑漆，黑漆大多

图① 对称木鸟形器
图② 黑漆木立鸟形器
图③ 双鸟木雕神器
图④ 连体鸟纹骨匕柄

已脱落，亦有仅两端圆窝处髹黑漆或其外围描一圈黑漆的（如图1）。另一种以形如立鸟为特征，一翼雕制成鹰头形，钩喙粗钝，正面挖一个圆窝作鹰眼，另一翼做成多边形或圆弧鸟尾（如图2）。双鸟木雕神器为整块木板透雕而成，两翼各雕一头相背鸟，粗长勾喙，眼以圆窝代替，鸟身刻两周圆圈纹，粗尾展开相连，下部刻出双爪（如图3）。这件双鸟木雕神器的外部轮廓与展开双翼对称的木鸟形器（蝶形器）相同，看来那些似展开双翼对称的木鸟形器（蝶形器），可能它们的"双翼"各为一鸟，两翼近端的圆窝是鸟的眼睛，表现的是鸟头相背的连体双鸟。

　　连体鸟纹骨匕柄，仅存的匕柄正面刻划连体鸟纹图案两组，双鸟同体，鸟头向背而仰，鹰嘴大眼，鸟背呈山峰形，像正在燃烧的火焰，鸟眼均用未钻透的圆窝表示，鸟身中间也有相同的圆窝，鸟纹图案两侧各刻划弦纹与斜线纹相间组成的图案（如

图4)。鸟形象牙圆雕匕发现数量较多,河姆渡遗址一共出土5件(如图5),鲻山遗址出土1件(如图6),田螺山遗址出土多件残体,它们的造型犹如从同一模子里制出来的,鸟头和鸟身雕刻精细形象,前为鹰嘴大眼的鸟头,宽扁长方形鸟身正面刻划有弦纹与斜线纹相间组成的纹饰,鸟身以下尾巴夸张地做成长长的匕身,占全器三分之二,呈扁平圆舌形。侧视其全形,似一鹰嘴大眼短腹长尾的鸟。象牙圆雕骨匕腹部有横向突脊,脊上钻有纵向圆孔,圆孔周围有长期穿绳索佩戴后的勒痕。有一件鸟腹横穿圆孔被绳子勒坏,人们在同一位置上又新补一个从腹到背穿孔。这些鸟形象牙圆雕匕造型夸张,雕刻及磨工极精,设计奇巧,轮廓清秀,立体感强,是极罕见的艺术珍品。太阳纹象牙鸟形器(蝶形器)和双鸟朝阳象牙鸟形器(蝶形器)都是象牙雕刻而成,制作均较精致,全器像圆角倒凸字形。太阳纹象牙鸟形器(蝶形器)正面磨光,近上端正中钻一个小圆窝,以此为中心刻有同心圆纹五圈,最外一圈周围刻短射线,象征太阳及光芒。同心圆之右侧及左上侧各钻有一个圆孔,两翼之上部透雕出弯月形孔,孔外侧又钻有小圆窝一个,在下半部的周边刻有四弦纹间以短线纹的图案,在弯月形镂孔的内侧也刻有五重线组成连弧纹(如图7)。双鸟朝阳纹象牙鸟形器(蝶形器),正面磨光后阴

图⑤ 河姆渡出土象牙圆雕鸟形匕
图⑥ 鲻山出土象牙圆雕鸟形匕
图⑦ 太阳纹象牙鸟形器
图⑧ 双鸟朝阳象牙鸟形器

线刻出图案,以中心钻的小圆窝为圆心,外刻同心圆纹五周,外圆上半部刻"火焰"纹,似象征烈日火焰,两侧各刻对称的回头望顾的鸟各一,两鸟都是长嘴钩喙引吭啼鸣状,刻工精细,棱角清楚,线条流畅。鸟头中心钻小圆窝为眼睛,鸟头上部两侧各钻不等距的小圆孔两个,下侧各钻小圆孔一个,圆孔间以弦线间以斜线组成的连弧纹图案(如图8)。类似的象牙鸟形器(蝶形器)残片还有多件,仅河姆渡遗址一地就出土17件,田螺山遗址也有不少发现。这类鸟形器(蝶形器)所取材料都是比较珍贵的象牙,质地坚硬细腻,雕刻难度大,但是磨制都十分精细,正面都刻划精细繁复的纹饰,线条十分流畅,体现了河姆渡先民高超的艺术创作力和丰富的想象力。

鹰形陶豆,在豆盘口沿两端对应雕塑鹰头和鹰尾的造型,鹰首钩喙,双眼圆睁,鹰嘴上有一横穿小孔作为鼻孔,盘口两边各有一只翅膀,好像展翅欲飞(如图9)。象牙雕刻鹰头,两面立体雕刻,形象逼真,宽鼻钩喙,双眼圆睁,显示凶猛威慑的力量(如图10)。

河姆渡文化出土鸟、太阳以及鸟与太阳相结合的图案文物中,木鸟形器(蝶形器)数量最多,达30多件,其次是象牙鸟形器(蝶形器),有20余件,象牙圆雕骨匕七八件,其余的都只有

图⑨ 鹰形陶豆
图⑩ 象牙鹰首

一两件,总数超过60件。这么多与鸟有关文物的发现,表明河姆渡先民对鸟有特殊的感情与爱好,是先民崇鸟爱鸟习俗的有力证明,反映出河姆渡先民以鸟为图腾和崇拜鸟图腾习俗。图腾原是北美洲印第安人的土语,意思是"他的亲族"。图腾是氏族的徽号或标志,又被视为氏族的保护神,并把它作为祖先看待和崇拜。

在双鸟朝阳象牙鸟形器(蝶形器)和连体双鸟骨匕柄中,先民将鸟和太阳紧密联系在一起。"双鸟朝阳"纹中太阳保留了其他作品中所见的五个同心圆的表达方法,但去掉外圆四周的短线,上部刻划火焰纹,把太阳描绘成为光和热结合的火球。更加奇特的是太阳两旁还添上两只鸟头,这两只鸟不怕热、不怕火烧,与太阳已经融合为一体,赋予了鸟超自然的力量。这是有着非凡本领的神鸟,是太阳的一部分,或者说是背负太阳的飞行工具。与此具有异曲同工之妙的是"连体双鸟"骨匕柄中,双鸟虽然背向飞行,但双鸟中间的太阳向四面射出光芒,太阳上面也有火焰状纹饰,太阳与鸟亦已经合为一体。

上述两件文物的纹饰刻画的犹如双鸟载或驮、负、扛着太阳奋力在天空飞翔的形象。这与我国古代文献《山海经》及《淮南子·天文篇》中"汤谷上有一扶木,一日方至,一日方出,皆载于乌"的记载吻合。纹饰可能描绘了我国古代传说中"金乌负日"的形象。这种能背负太阳飞行的金乌，自然不会是普通的鸟。河姆渡先民每天看到太阳清晨从东边升起，傍晚到西边落下，周而复始。原始人类认为太阳是借助于其他运输工具才能在天空中飞行的，人们仰望浩瀚的天空，与日月星辰一起在天空中翱翔的唯有鸟，很自然地就把两者联系在一起，从而产生了太阳是鸟背负着在天空飞翔的观念。这种能背负太阳飞行的鸟，自然不会是一般的鸟，而是神鸟，并且是成双成对的，这是河姆渡先民的一个发明。

"双鸟朝阳"象牙鸟形器（蝶形器）和"连体鸟"骨匕柄器物图像构思奇特，蕴含着作者丰富的想象力，这些鸟和太阳的图像反映了河姆渡先民崇拜太阳神的观念。

对太阳神的崇拜，是世界各地新石器时代普遍存在的一种原始宗教现象。世界各地的许多古老民族都有自己的太阳神，如古埃及人崇拜太阳神阿吞，古希腊人创造的太阳神是阿波罗，印度古神话中的太阳神是阿狄多，巴比伦上古神话中的太阳神是沙马士等。世界各地环境不同，产生的原始文化也不尽相同，但对太阳神的创作却有许多共同之处，如中南美洲玛雅文化中的太阳神头戴光箭的冠冕，与河姆渡文化"连体鸟"骨匕柄中的"太阳"的光冠十分相似；古希腊太阳神阿波罗的身上长着一对翅膀，与"双鸟朝阳"象牙鸟形器（蝶形器）上的太阳由二鸟拱护有类同之处。这是人类在生产力水平相近的基础上，对自然和宇宙进行探索时不自觉形成的相似认识。"双鸟朝阳"象牙鸟形器（蝶形器）与阿狄多、阿波罗一样是原始文化的产物，是人类的宝贵财富。

河姆渡先民崇拜太阳除了因为太阳朝升暮落、周而复始的神秘感和带来光明、温暖之外，最主要的还是与原始农业紧密相关。俗话说"万物生长靠太阳"，在长期的生产实践中，先民们逐渐认识到太阳对农业生产的重要作用,通过崇拜和祭祀太阳神,以祈求农业获得丰收。由此推想,原始人不惜花费大量时间和精力去精心制作"双鸟朝阳"象牙鸟形器(蝶形器),是把它作为太阳神的具象,作祭祀之用。

人死后的埋葬习俗也是河姆渡先民原始宗教意识的反映。在新石器时代,人们聚族而居,死后也大多要埋在氏族公共墓地。早期的墓中随葬品没有数量和质量上的显著差别,晚期出现了贫富分化,随葬品多寡不一,相差悬殊。埋葬制度和葬俗总是直接或间接地反映着当时的社会制度、阶级关系、社会经济和宗教意识形态等方面的情况,往往成为当时社会生活的缩影。河姆渡文化墓葬分为两类:一类是分布于房屋周围的零星墓葬,另一类是埋于公共墓地的墓葬。

河姆渡文化早期未发现公共墓地,仅发现2件陶釜和陶罐内婴儿遗骸和鱼骨共存的现象。稍后发现零星分布于房屋周围的墓葬,皆不见墓坑和葬具,大多无随葬品,流行侧身屈肢单人葬,人骨保存良好,头骨或肢骨多不完整,以婴幼儿等未成年人居多。晚期依然有零星埋葬于房屋周围的墓葬发现,皆不见葬具,不见或较少随葬品,人骨保存较差,仰身直肢,多头或肢骨不全,一般有长方形竖穴土坑。埋葬制度是灵魂不死观念的产物,在死去的人当中,人们往往特别注意区别正常死亡和非正常死亡。正常死亡的享受正规的埋葬待遇,如埋入公共氏族墓地等;而非正常死亡的则不然,他们有的连进入正常死亡者墓地的机会都没有。河姆渡文化这些零星分布于房屋周围的墓葬,以未成年人居多,而且大多头骨或肢骨不全,可能是非正常死亡的,所以采用了这种特殊葬法。

氏族公共墓地仅发现塔山遗址一处,50多座墓葬大部分为长方形竖穴土坑墓,分仰身直肢一次葬和二次葬两种。二次葬骨骼一般基本按原状摆正(仰身直肢),也有散乱一堆的。随

图⑪ 房屋附近的零星墓葬
图⑫ 塔山墓葬
图⑬ 蚕架山红烧土祭台
图⑭ 蚕架山瓮棺葬

葬品主要是陶器和少量的装饰品玉玦。其中⑨层下的40座墓葬根据随葬品分成三类，甲类随葬豆，乙类随葬釜，丙类无豆或釜，甲类和乙类在墓地中的分布位置及墓向有显著的差别。鲞架山遗址发现集中埋于圆形红烧土台周围的"瓮棺葬"，红烧土台上及瓮棺葬周围均有炭屑和烧过的白色骨片碎屑。

　　河姆渡文化墓葬中有一个非常有趣的现象值得我们重视，就是无论是房屋周围的零星墓葬，还是埋葬于公共墓地的墓葬，人头骨大多朝向东方。河姆渡遗址发现的27座零星墓葬中，可以辨别头骨朝向的墓葬有22座，其中18座墓葬的头骨朝正东或东偏南、东偏北；塔山墓地发现的50多座墓葬中，能够辨别头骨方向的有40座墓葬，头骨都是朝东或东偏南、东偏北。东方是太阳升起的地方，所以河姆渡文化墓葬中头骨朝向的应该是太阳升起的地方。太阳一年里升起的方向并不是一直是正东方，根据季节不同有时偏南，有时偏北，这就不难理解河姆渡文化墓葬中为什么头骨有的朝东，有的朝东偏南或东偏北了。专家们早就指出墓葬头骨朝向太阳升起的方向反映了原始先民对太阳的崇拜，因此河姆渡先民把墓葬头骨大致朝向东方也是对太阳崇拜的一种形式。如果进一步结合远古时代灵魂不灭和视死如生的观念，把死者的头骨朝向东方是希望人死后也能得到太阳的温暖和光明，或者把人的一生看作每天太阳的东升西落，第二天会照常升起。

【十三】河姆渡文化来源与去向

河姆渡文化以发达的耜耕稻作农业、高超的木构干栏式建筑和成熟的榫卯技术、独特的夹炭黑陶器皿等鲜明文化特色闻名于世。那么，人们不禁要问，创造了如此辉煌的河姆渡先民究竟是从何而来，后来又到哪里去了呢？

关于河姆渡先民究竟是从何而来，也就是说河姆渡文化的渊源或来源问题，不外乎两种可能，一是起源于本地，二是从别的地方迁移而来。目前对于河姆渡文化来源问题存在两种截然不同的说法，可以简单地概括为"上山说"和"下海说"。这两种说法其实只是本地起源和外来说的另一种讲法而已，并没有实质性差别。"上山说"推测河姆渡文化源头在宁绍平原南缘的丘陵山麓地带；"下海说"则认为河姆渡文化源头在近海大陆架海平面下5米~6米或深埋在宁绍平原几米以下的地下。长久以来，由于两者都缺少可靠确凿的科学证据而谁也说服不了谁。

这两种观点都是从最后一次冰期以来宁绍地区自然环境演变的角度来分析河姆渡文化源头的。前面已经讲到，最后一次海侵开始于距今12000年前，海侵开始以后海水缓慢上涨，逐渐淹没了沿海低洼的平原地区并深入内陆，到8000多年前达到最高海平面，现今宁波的平原地区被海水淹没成为一片浅海。之后海平面开始下降，至7400年前姚江谷地所在的余慈平原首先

图① 上山遗址
图② 小黄山遗址
图③ 小黄山遗址出土双耳罐

成陆，以后虽有几次海平面升降，但是幅度都不大，并没有对周围地区造成大的影响。人类不是鱼鳖，不能生活在水中。因此，"上山说"基于上述宁波的平原地区有很长一段时间被海水所淹，人类不能在这里生活，于是把眼光放在了当时海侵过程中海水没有淹到的地区，这就是宁绍平原南部山地和山麓地带，尤其是绍兴以南的浙中地区，那里分布了许多大小不等的山间盆地。

  进入21世纪以后，宁绍平原南部山地、山麓的考古发现不断传来令人振奋的消息。浦江上山（图1）、嵊州小黄山（图2）等遗址的发现与发掘，一下子将浙江的新石器时代最早年代提前到一万多年以前，这也为寻找河姆渡文化源头带来了新的希望。其中小黄山遗址分为三个发展阶段，其最晚一期遗存的绳纹圜底釜、双耳平底罐与河姆渡文化同类陶器有某些雷同之处（如图3），因此，可以认为小黄山遗址第三阶段类型的遗存是河姆渡文化重要的来源之一。但是距离寻找到河姆渡文化的直接源头恐怕还有一段很长的路要走。

  "下海说"从地理演变角度分析，也有其合理性。最晚一次海侵刚开始时海平面还在现今水深100多米的地方，当时的海岸线大约在舟山群岛以东的大陆架边缘，现在的舟山群岛附近海域还是陆地。近年来，渔民捕鱼时常常从舟山群岛附近浅海中打捞出古代动物骨骼，其中2002年在金塘海域水深约96米处打捞出的动物骨骼数量最多，共计有120余件哺乳动物化石，令人欣喜的是，其中的4件鹿角上发现了人工砍砸、切割痕迹，说明至少1万~3万年前这片现在已经被海水吞没的区域那时还是陆地，不仅适宜四足哺乳动物生存，附近还有原始人类活动，否则这些动物骨骼的发现和其上的人工切割痕迹就很难解释了。海侵与海啸不同，海啸瞬间掀起几米甚至是几十米高的滔天巨浪，迅速吞没沿海地区的一切，给那里的人民造成深重灾难。海侵则相对比较缓慢，如今100多米深的海水是在漫长的几千年时间里慢慢涨上去的，虽然海平面上升有时快有时慢，但平均以后，每年不到几厘米。因此人类完全有充裕的时间在海水淹侵村庄前搬迁到高处，也就是所谓的"海进人退"。许多原始人类的村庄在这次海侵中湮灭在茫茫大海中，处于宁绍平原的村庄则被深深地埋在了地下几米甚至几十米深的海相黏土下，所以很难被后人发现了。等到海水退去之后人们重新拖家带口回到宁绍平原的沿山平原地区生活，这就是后来的河姆渡先民。

"上山说"和"下海说"究竟孰是孰非，在目前情况下恐怕一时难有定论，需要今后考古工作者的继续努力。与河姆渡文化来源一样困扰我们的另一个问题，就是距今5300年以后，宁波地区的河姆渡文化突然中断消失了，代之而起的是良渚文化。人们不仅要问，这些曾经创造了光辉灿烂的河姆渡文化的先民后代究竟到哪里去了呢。有人把良渚文化取代河姆渡文化理解为河姆渡先民由于洪水等灾难原因集体搬迁了，然后太湖周围的良渚先民集体迁入宁波地区。这其实是一种误解，是对考古学文化的错误理解。我们打一个不太恰当的比方：譬如一个人读小学写作业用铅笔，读中学用钢笔写字，铅笔和钢笔无论是制作材料、加工工艺,还是大小、形状、结构等方面都差别明显,已经有了质的变化,如果按照考古学文化理解,显然属于两种不同的考古学文化,实际上使用它们的仍是同一个人。河姆渡文化和良渚文化的关系与上面有点相似,河姆渡文化的后人依然在本地生活,只是他们的生活用品和生产工具等相比于以前有了质的变化,但是后人骨子里仍然保留着一些河姆渡文化传统因素和影响,如绳纹陶釜依然作为炊煮器具使用,死后也要把它们作为随葬品埋入墓葬中。看来河姆渡文化的一些传统观念、习俗等意识形态方面的因素已根深蒂固地融入后人的血液之中。杭州湾北岸史前文化对宁波地区人类的影响早在距今6000年前已经开始,而且这种影响越到后来越明显,到了距今5300年左右终于融入了良渚文化的大家庭之中。当然宁波地区接受杭州湾北岸原始文化因素的过程并不局限于日常生活用具和生产工具等具体器物以及宗教、习俗等看不见摸不着的东西,可能也包括人口的直接迁入。至于其中的动因,既有环境方面的,也有社会方面的。

　　河姆渡文化后人除了留在本地继续生活以外,确实有一部分人向外迁移,其迁移路径有陆路和海路两条,这种迁移至迟开始于距今6000年前后。陆路向南到达了浙中腹地的仙居、乐清、泰顺,沿海向南至台州、温州地区。海路第一站是到达舟山本岛,大衢岛、象山高塘岛及瑞安北龙岛是河姆渡文化海路传播扩散的第二站,目前所知福建平潭岛壳丘头是最南端的第三站。1982年,山东长岛县庙岛群岛的大竹山附近海域曾出水一件夹砂绳纹圜底陶釜,器形与河姆渡文化第四期陶釜基本相同,可以看作河姆渡文化遗物分布的最北端。

　　河姆渡文化的分布地区,在地理位置上是一个自成系统而又相对独立的封闭区域。其南部是崇山峻岭的四明山、天台山和浙闽丘陵,阻碍了它与闽粤史前文化的交流;向东则是一望

图④ 壳丘头出土陶片

图⑤ 浙江省原始文化分布图

无际的浩瀚大海；西、北两面分别是滔滔曹娥江和波涛汹涌的杭州湾。但是这些自然环境的艰难险阻并没有阻碍河姆渡先民对外交往，善用舟楫的河姆渡先民凭借着独木舟和竹（木）筏等原始水上交通工具，始终与周邻的其他原始文化进行着广泛的交流，许多先进的生产和生活方式借此被后继文化所继承和发扬，从而为中华古代文明的缔造作出了巨大的贡献。

杭州湾北岸的太湖周围地区，与河姆渡文化大致同时的是马家浜文化和崧泽文化。马家浜文化以 1959 年发掘的嘉兴马家浜遗址命名，它曾经历了 1500 年以上的发展历史。河姆渡文化和马家浜文化是仅一水之隔的近邻，自然环境条件又有许多相近的地方，所以它们在创造发展自身文化的过程中，凭借着原始的独木舟、竹（木）筏等水上交通工具，相互交往、互相影响，彼此取长补短。

在河姆渡文化和马家浜文化的最早阶段，以河姆渡文化对马家浜文化影响为主，后者处于被动的接受地位。距今 6000 年以后这一情形发生了根本性逆转。这是由于太湖流域的马家浜文化西、北部是一马平川，与其相邻的原始文化交流相对容易，广泛地接受了西、北方周邻文化先进的生产力因素，生产力水平得到提高，导致在与河姆渡文化相互交流中，马家浜文化对河姆

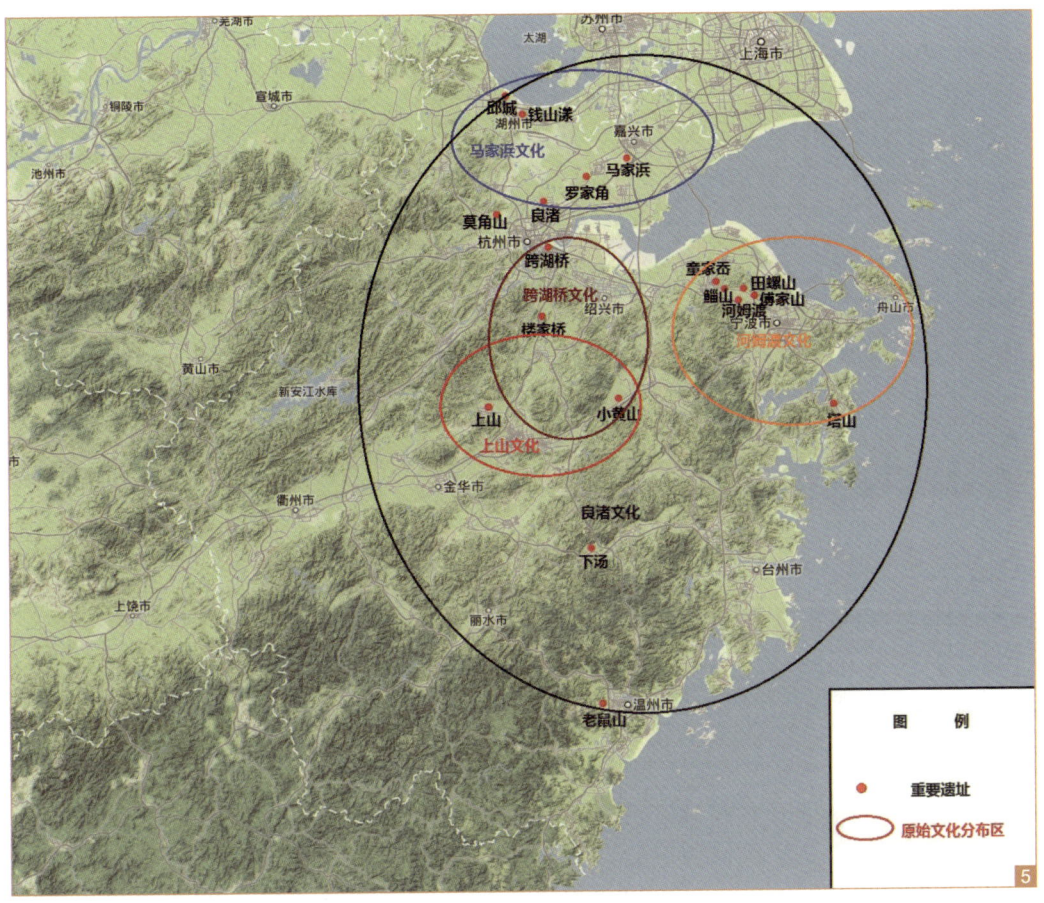

渡文化的影响更为明显和强势。河姆渡文化此时已由最初的先进文化传播者转变为被动接受者了。这种单向的文化传播随着时间的推移而趋于明显和加强，以致乍一看河姆渡文化第三、四期的文化面貌似乎与马家浜文化晚期以及崧泽文化十分相似，这就是河姆渡遗址第一次发掘时曾经分别被判断为马家浜文化和崧泽文化的原因。

曹娥江以西是上山文化和跨湖桥文化分布地区。上山文化以浦江上山遗址命名，已经有一万多年发展历史，跨湖桥文化以萧山跨湖桥遗址命名，也有8000年左右历史，时代都比河姆渡文化要早。这一地区的史前文化比较复杂，目前暂时缺少与河姆渡文化早期阶段时代相当的遗存。比较有意思的是，这一地

区到了距今 6000 年以后，人们惊喜地看到，这里的一些史前遗址有河姆渡文化和马家浜文化和平共处、共同参与发展的和谐场面，而本地区早期的上山文化和跨湖桥文化并没有被后人所继承，其中的原因值得今后进一步研究。

总之，河姆渡文化在自身发展进程中不断地与周邻的原始文化接触、碰撞和交融，许多先进的生产力因素也随之很快推广和传播开来。河姆渡文化发现的鲸、鲨鱼、金枪鱼、海龟等海生动物骨骸，充分说明河姆渡先民凭借原始的水上交通工具，已从事海洋捕捞活动了，这为部分河姆渡先民迁居舟山群岛准备了条件；同时也反映出东南沿海的史前居民此时已有了一定的航海能力，这无疑为河姆渡文化干栏式建筑、髹漆技术、有段石锛及双孔石刀等向东南亚地区的传播创造了条件。

河姆渡文化建筑是以架空基座抬高居住面为特点的干栏式建筑，上可以住人而下可豢养家畜，既可防蛇虫猛兽的侵害，又可避潮湿瘴气，是适应南方潮湿多雨气候的一种独特建筑形式，很快在南方潮湿地区流行开来。如在新石器时代晚期的浙江湖州钱山漾、江苏吴县龙南（如图 7）及海安青墩都有干栏式建筑遗迹发现，浙江湖州仙坛庙出土的一件器盖内刻划了一栋干栏式建筑线图（如图 8）。到夏、商、周时期，干栏式建筑已出

图⑥ 跨湖桥遗址
图⑦ 龙南遗址干栏式建筑遗迹及复原示意图
图⑧ 仙潭庙遗址干栏式建筑刻符
图⑨ 吉野ヶ里复原干栏式瞭望塔

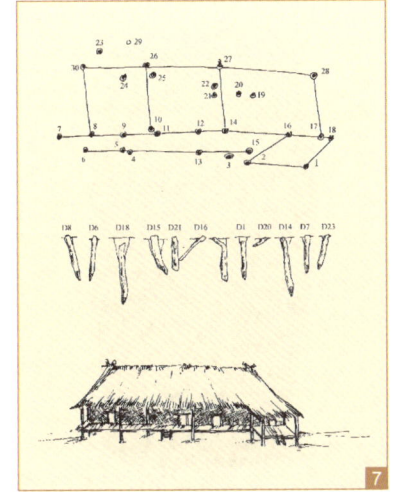

现在广东高要茅冈、四川成都、湖北蕲春毛家嘴、云南剑川海门等南方地区。秦汉以后，随着金属工具的普遍应用，木作加工技术进一步提高，干栏式建筑也因此而得以空前发展，除了江苏、福建等地仍有干栏式建筑发现外，在广东、广西、湖南、江苏等地两汉时期墓葬中还出现作为随葬品的干栏式陶屋、陶囷的模型。甚至在云南晋宁石寨山出土的青铜贮贝器、四川出土的青铜錞于和铜鼓上，也都出现了干栏式建筑模型或图像，足见其流传之广和影响深远。直到现代，在我国西南地区的广西壮族等地仍盛行干栏式建筑。从日本吉野里遗址发现的弥生时代干栏

式谷仓和瞭望塔看（如图 9），干栏式建筑至迟在距今 2000 年前已传至日本、菲律宾及我国的台湾等地。

　　我国使用漆器的历史源远流长。河姆渡文化发现的漆木筒和木胎漆碗是迄今为止我国乃至世界上最早的漆器之一，从而将我国使用漆器的时间上溯到 7000 年前的新石器时代。稍后，常州圩墩出土过两件喇叭形漆木器，木器表面的黑色涂料微有光泽，看上去同现在的漆没有差别。上海崧泽中层发现漆绘红褐和淡黄两色的罐、壶、豆、杯等陶器，海盐仙坛庙发现崧泽文化时期的朱漆彩绘陶壶和陶豆（如图 10）。到了良渚文化阶段，除了从反山、瑶山、汇观山等大墓中出土精美绝伦的嵌玉漆器外，在上海马桥、江苏吴江团结村、浙江杭州水田贩、余杭良渚一带也经常有漆绘陶片及漆片发现。其中瑶山的一件朱漆嵌玉高柄杯，出土时胎体已朽，但通体内外壁原髹漆膜仍保持原状，朱红色漆膜涂布均匀，仍有光泽。在杯体与圈足接合部及圈足近底处的外壁，镶嵌玉粒一周，这是我国迄今已知最早的嵌玉漆器（如图 11）。长江下游以外地区的史前文化中，仅山西襄汾陶寺有大量漆器发现，在一部分木器、头饰、臂饰上，发现用漆作镶嵌粘合剂；有的木器可能是在素胎上先涂一层漆，然后遍涂红彩，红彩上再用青、绿、黄、蓝、白等色绘制花纹。漆绘陶器发现较多，

图⑩ 仙坛庙漆绘陶豆

图⑪ 瑶山嵌玉漆杯

图⑫ 弧背形石锛

图⑬ 台阶形有段石锛

一般是在黑陶衣上以红、白或黄色彩料绘出带纹、涡纹、变体的动物纹等。看来陶寺龙山文化并非中原地区使用漆器之始,与长江下游地区漆器悠久的使用历史、髹漆技术的连续发展等情况不可同日而语,表明长江下游地区是我国漆器的起源地,而其中河姆渡先民更应是漆器的发明者和使用者。

有段石锛曾广泛分布于太平洋西部沿海的广大地区,由于有段石锛器形和文化背景的不同,其用途也有差别,大多数有段石锛器身狭长,是作为刨挖木制品的工具使用的,其中最重要的用途是挖制独木舟,个别地方也可能当作农具使用。目前大家已经公认河姆渡文化发现的弧背形石锛是有段石锛的原始雏形(如图12)。到了河姆渡文化第二、三期,在太湖流域的一些马家浜文化中也能时常见到与河姆渡文化相同的弧背有段石锛。崧泽和良渚文化时期,长江下游地区的台阶型有段石锛得到了空前发展(图13),随之逐渐向四周及海外传播,对太平洋西部沿海地区、东南海岛与南太平洋诸岛屿的新石器时代晚期文化乃至青铜文化产生过巨大的影响。江浙地区,至商周时期台阶形有段石锛仍有发现,是越文化乃至百族文化的典型生产工具之一,大致到西周时才逐渐走向衰弱。

河姆渡文化发现不少断掉的长方形双孔石刀,到了良渚文

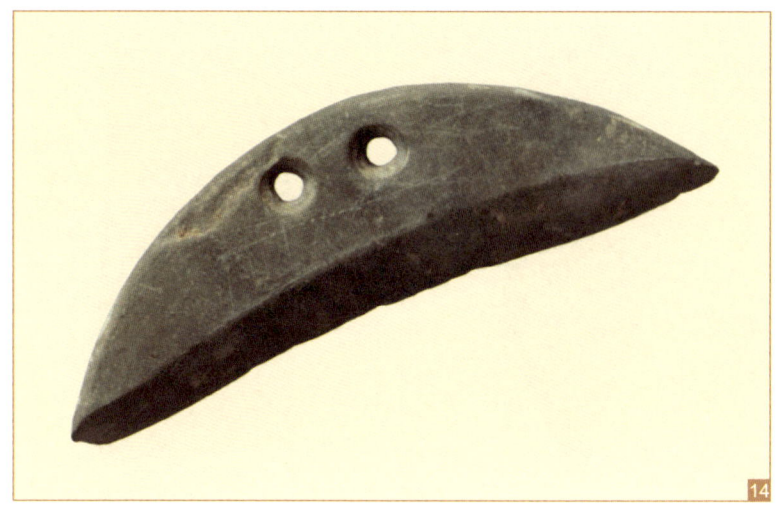

化阶段的钱山漾遗址中,开始演变成半月形双孔石刀,往往是背部弧凸,刃部平直,或背部平直,刃部弧凸,因外形像半个月亮而得名(如图14)。这种半月形双孔石刀向北传入山东,还渡海至朝鲜半岛,甚至传入日本。

干栏式建筑、漆器、有段石锛和双孔石刀等的发展和传播,不但影响了河姆渡文化周边地区的原始文化,而且对后来的东南亚、日本的原始文化也产生过深远的影响,其中以有段石锛表现得最为典型和明显。有段石锛作为挖制独木舟的主要工具,伴随其传播的还有河姆渡先民挖制独木舟的方法和在江湖、近海上航行的技术,说明在生产力并不发达的远古时代,人们的水上交往比陆路方便、快捷,因而交流范围也更广阔。

图⑭ 半月形石刀

【十四】融入良渚文化大家庭

距今 5300 年前以后,杭州湾北岸的太湖周围地区发展到良渚文化阶段。那里的良渚先民以修筑 290 万平方米古城（如图 1 所示）、城内修建高大的高台建筑、人工堆筑祭坛（如图 2）、高规格显贵大墓（如图 3），制作精美的琮（如图 4）、璧（如图 5）、钺（如图 6）等玉礼器而闻名于世，已经初现"文明曙光"。宁波史前先民此时的文化面貌也发生了翻天覆地的变化，在长期与杭州湾北岸原始文化的碰撞和交流中，慢慢地受到侵染并与其融为一体，成为良渚文化的一个地方类型，称为良渚文化名山后类型，或良渚文化钱塘江以南类型。当时宁波地区先民的活动范围仍然与之前的河姆渡先民差不多，主要集中于姚江流域的余慈平原，其他平原地区依然很少有人生活居住。随着生产力发展、人口增加和自然环境的变迁，人们开始进入以前不适宜生活的地区定居，活动范围明显扩大，在生产和生活的各个方面相对于河姆渡文化时期而言都发生了显著的变化。

宁波良渚先民一般选择在地势较高的山坡地带居住，村落的规模比以前要小些，大多只有几千到一二万平方米，村落之间的距离很近，分布密集。村落的居住时间普遍较短，仅几十年，多则上百年就废弃，另寻合适的地方再建房屋定居。房屋一般为地面建筑，修建前事先挖好沟状基槽，基槽内垫石块和泥土，然后垒土为墙，再铺椽盖顶。这种先挖基槽，并在基槽内垫石块和泥土作为墙基的做法，在近现代宁波农村造房时比较常见。还有一种房屋是先挖坑后埋柱的，柱坑大小深浅不一，柱坑内填红烧土，部分底部垫石块，可能是干栏式建筑残留的遗迹。太湖周围此时还有一种半地穴式房屋，宁波地区由于资料缺乏，是否如此不得而知。

这一时期出现了人工堆筑的土台。土台呈正方覆斗状，边长 42.5 米，残高 1.8 米，四周有深沟围绕。建造土台以前举行过燎祭仪式，把各种祭品放在柴堆上，焚烧祭天，土台底部因此留

图① 良渚古城城垣平面分布图
图② 瑶山祭坛
图③ 良渚文化大墓

图④ 玉琮
图⑤ 玉璧
图⑥ 玉钺

融入良渚文化大家庭

下了大片灰烬,向我们诉说着当年祭祀仪式的隆重。土台的堆筑方法是一层棕黄色砂土、一层黄褐色黏土层层夯筑,十分坚硬。夯具由4根长宽约12厘米见方的方木捆绑而成,发掘时清晰可见当年用其夯出的方形痕迹。可惜土台大部分已被破坏,仅剩北部一小部分。奉化市文物保护委员会办公室收藏了出自土台的7把石钺,形状相近,大小相似,都磨得十分精细并且仔细抛光,刃部没有开口和使用痕迹,看来这些成堆的石钺不是实用工具,估计是埋于土台上的墓葬随葬品（如图7）。这种人工堆筑的土台在太湖周围的良渚文化中发现很多,如余杭反山,上海福泉山、江苏张陵山、草鞋山等。土台建好后,人们经常在这里举行各种祭祀活动,同时也用来埋葬贵族。因此,该土台可能与它们一样,是祭台,同时又是主持祭祀的神职人员死后的墓地。太湖流域良渚文化墓葬已形成了埋于土筑高台、埋于集中的氏族墓地及零星埋于房屋周围三种不同规格待遇的埋葬制度,想必宁波地区的情况也是如此。但是限于目前的考古工作,这里发现的墓葬仅为极少量零星埋葬于房屋周围的小墓,数量也不多,未见埋于土筑高台和氏族墓地的墓葬。这些零星小墓一般挖长方形浅坑,也有没有挖坑的,随葬品仅少量陶器,人骨架基本没能保存下来,所埋葬的应该是最底层的劳苦大众。

　　稻作农业已经成为先民的重要经济活动,稻谷实物没有发现,但是稻谷印痕在陶器胎壁中经常发现,应是种植水稻更加普遍的反映。其他农作物的情况因未找到实物不太清楚。太湖周围的良渚先民已开始种桑养蚕缫丝,种植芝麻、花生、葫芦、甜瓜等,农作物种类已经十分丰富,想来此时宁波地区的农作物也应该大致相同。

　　标志此时农业发展水平的是新出现的石犁、石耘冠、石镞等农业生产工具。石犁做成等腰三角形,亦有三件组合而成的,器形从早到晚不断增大（如图8）。河姆渡文化用骨耜和木耜翻土

图⑦ 名山后石钺
图⑧ 石犁
图⑨ 石耘冠
图⑩ 石镞

有间歇性,而石犁可以连续不断地翻土,极大地提高了翻耕土地的效率,是稻作农业进步的标志。石耘冠以前称"耘田器",这一说法目前已被人们所否定,因为耘田是水稻条播或插秧有行距以后才能进行的水稻田间管理活动。"石耜冠",顾名思义,是掘地翻土用具,作为耜前端的耜冠必然受力很大,石耜冠虽不能和后代的铁锹冠相比,但在掘地翻土时肯定比单纯的木耜或骨耜耐磨(如图9)。它的用途与骨耜、木耜相类似,用于水稻田除草和弄碎石犁翻起的大块泥土、平整田地等农活。石耨也有叫"破土器",器形大致为三角形,后端有一斜向上短把,均为单面刃,刃部前端呈圆头,磨损较严重(如图10)。它从良渚文化时期开始出现,一直延续使用到周代,以后则出现青铜耨,可能是一种旱作农具。根据刃部的使用痕迹判断,是一种斜向上下运动的除草工具,而与开沟破土产生的痕迹不符。石刀的大小、形状多种多样,有双孔半月形、长条形、双肩形和靴形等等,用途各不相

同。长条形和双孔半月形石刀是石镰,用来收割稻穗(图 11);双肩形和靴形石刀体形比较大而厚重,可能是厨刀,用于切割动物肉和各种蔬菜瓜果等(如图 12)。大型陶臼发现很多,与其配套的杵估计和河姆渡文化相同,也是木制的。杵臼的广泛使用极大地提高了脱谷壳的效率,是当时稻作农业发达的有力证明。

家禽家畜除猪、羊、狗、牛家养外,其他没有发现。渔猎和采集在当时仍然是不可缺少的重要食物来源,但是从许多村落已经离大山比较远,而紧临江湖水域来分析,下水捕鱼捞虾、采集菱角明显要比上山采集野果和狩猎更为重要。石镞数量众多,骨镞和木镞数量明显减少,已经被石镞所取代。石镞锋部尖锐、锋利,杀伤力比骨镞或木镞大许多,收获自然也多许多(如图 13)。

手工业已从农业中分离出来,出现专事制陶治玉的非农业劳动者。生活用具仍以陶器为主,制陶工艺技术比河姆渡文化有了巨大的进步。陶器普遍采用轮制技术,器形规整,种类繁多,主要有鼎、豆、壶、罐、圈足盘、圈足盆、簋、碗、杯等等。其中泥质黑皮陶制作特别精美,代表了当时制陶工艺的最高水平。黑皮陶上细刻鸟纹、鸟首蛇身纹,构图巧妙,颇具神秘感,刀法娴熟、

图⑪ 半月形石刀
图⑫ 靴形石刀
图⑬ 石镞
图⑭ 刻鸟首蛇身纹豆盘残片

线条流畅，非出自专业工匠之手不可（如图14）。费工耗时的细刻纹黑皮陶器可能已从实用器脱胎为具有特殊用途的礼仪用器。陶器多素面无纹，炊器上仍有少量绳纹。弦纹、戳点、镂孔是陶器装饰常用手法。

河姆渡文化烧煮食物是三个釜支架支起陶釜，到了6000多年前，由于受到杭州湾北岸马家浜文化影响，开始少量制作鼎，但是釜配釜支架的炊煮方式仍为主流。到了距今5300年前以后的良渚文化阶段，鼎已经取代陶釜成为最主要炊煮器具。由于鼎的身和足往往是分别制作后粘在一起的，鼎足容易脱落，所以鱼鳍形、T形等形状的鼎足发现数量特别多（如图15）。对于那些釜形鼎和釜，在仅发现器身碎片的情况下，难以辨别哪些是陶釜，哪些是陶鼎的碎片。

东方曙光——宁波史前文明

15

16

17

18

19

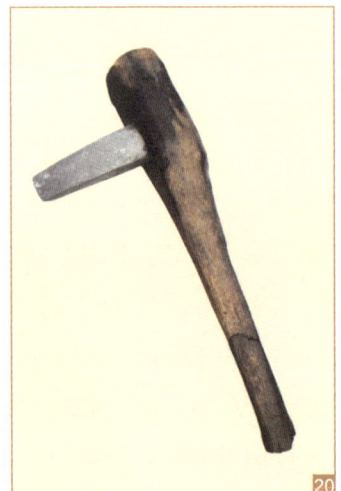
20

21

22

饮食器具可分为盛食器和饮器两种功能。盛食器包括豆、盘、簋、钵与碗等,豆已经取代钵成为主要盛食器,出土数量最多(如图16)。豆是分配到个人的盛食器,豆盘较浅,容量有限,用于装盛较干的饭菜。细长的豆把适宜直接拿起来进食,既方便又实用,十分适合席地而坐时取用。钵、碗的功能与豆差不多,也是分配到个人使用的,但出土的数量远比豆少,可见手捧饭碗或钵狼吞虎咽的"吃相",在当时已经不流行。钵和碗腹较深,适宜装盛较稀的饭菜或流质食物。盘、盆、簋体量都比较大,似乎是公用的盛食器。

除了填饱肚子的必需品外,在人们的饮食中还出现了酒这种奢侈品,尽管目前尚无确凿的酒的实物证据,但陶器中大量酒器性质器皿的存在,表明良渚先民饮用酒已是一种普遍现象。出土的陶器中装盛液体的容器包括双鼻壶(如图17)、杯(如图18)、宽把杯、盉、贯耳壶等。它们中有的是加温器具,如盉;有的是盛储器具,如双鼻壶、贯耳壶;有的是饮用器具,如杯与宽把杯。太湖周围的良渚文化中发现不少过滤器,如余杭吴家埠、庙前和反山等遗址出土的过滤器,是一种分离液体与固体的过滤设备,过滤的对象自然不能排除酒与糟(如图19)。考古工作者在江苏吴江龙南遗址中淘洗出俗称酒药草或酒曲草的红蓼,很好地佐证了用红蓼作酒曲来酿酒的事实。

良渚文化的生产工具主要是石器,木器和骨器等有机质工具发现不多。石器有石犁、石耨、石耘冠、石镰和石刀等稻作农业生产工具以外,还有石锛(如图20)、石斧(如图21)、石凿等木作工具,另外还有石纺轮、石钺、雕刻器和石镞等。木器有木桨、木锛柄、木钻头等,木钻头加工成圆锥形,锥尖开一条凹槽,槽内嵌一两边刃的骨钻头,另一端做成小圆榫,以便套接钻杆(如图22)。骨器极少,器形仅镞、锥和针等。

太湖周围的良渚文化玉器十分发达,基本上形成了琮、璧、

图⑮ 釜形鼎
图⑯ 陶豆
图⑰ 双鼻壶
图⑱ 黎漆陶杯

图⑲ 陶过滤器
图⑳ 带柄石锛
图㉑ 穿孔石斧
图㉒ 木钻头

钺等玉礼器为核心的玉器系统,而琮、璧、钺、梳背形器(如图23)、锥形器等玉器也成为良渚文化的标志性器物。与此形成鲜明对比的是,宁波地区的玉器数量极少,多为装饰性器物,如玉玦、玉璜、玉管、玉锥(如图24)等,至今没有发现玉琮、玉璧、玉钺等玉礼器,至少说明良渚文化在精神层面上对于杭州湾南岸的影响比较有限。

人工堆筑土台、营建祭坛的做法,盛行于良渚文化时期环太湖地区各个区域。而宁波地区仅奉化名山后有一座夯筑土台,土台四周以深沟环绕,与良渚文化人工土台有共通之处,瘗埋牺牲、放火燎祭等宗教活动的遗迹且基本上不见。

总之,自距今5300年以后,宁波地区大量接受来自太湖周围的良渚文化影响。但是,大量良渚文化因素的渗入和渗透并不一定意味着本地区以前的传统文化因素的完全丧失,先民依然保留和延续了不少河姆渡文化时期的地域传统,因而表现出一些与典型良渚文化迥然有别的特征。宁波地区固有的河姆渡文化传统,包括陶系中的夹炭陶,陶器纹饰中的绳纹,陶器器形中的陶釜、釜支架等依然存在。良渚文化时期太湖周围社会组织形态发生了质的变化。墓葬随葬品的数量差异表明了社会阶层的分化加剧,大型人工堆筑高台墓地及礼仪设施的营建

图㉓ 玉梳背形器

图㉔ 玉锥

反映出权力意志的存在,琮、璧、钺等玉礼器已从实用器分化出来。与环太湖地区的良渚文化不同,宁波良渚文化中发现玉器很少,没有发现玉礼器,至今没有发现随葬品丰富的高规格大型墓葬,这些情况似乎表明,宁波的良渚文化社会分化还不显著。

〔十五〕

百越民族的祖先

图① 良渚文化玉鸟
图② 青铜庙堂模型

夏商周时期，浙江是越族的分布地区。春秋晚期越王勾践建都于今日的绍兴，与吴国相抗衡。公元前473年越灭吴，遂挥师北上，"观兵中国，号称五霸"，令时人刮目相看。追根溯源，越文化之所以能绽开如此惊世之花，应是当地传统文化不断累积发展的结果。现有的研究表明，以河姆渡文化为代表的宁波史前文化正是越文化的重要源头之一。

越族具有许多不同于其他民族的特征，如崇拜鸟图腾，种植水稻，使用有段石锛、几何形印纹硬陶和原始青瓷，巢居，习水便舟，喜食异物，断发文身，善铸宝剑，语言不同于中原等。其中除了断发文身、善铸宝剑和原始青瓷及语言特征等之外，几乎均可以从宁波的史前文化中找到渊源。

一、鸟图腾崇拜

前面已经讲到，7000年前的河姆渡先民崇拜鸟。河姆渡文化发现的60多件以鸟为题材的器物，大多数并不是日常的生产和生活用具，充分展现了河姆渡先民崇鸟爱鸟习俗，是先民崇拜鸟图腾的有力证据。鸟图腾崇拜在良渚文化及至夏商周三代之时的越族中仍然十分盛行，应该是继承了河姆渡先民崇拜鸟图腾遗俗。如奉化名山后发现的良渚文化细刻鸟纹黑陶壶，说明当地的良渚先民依然崇拜鸟图腾，太湖周围的良渚先民崇拜鸟图腾的资料则更多,在此不一一列举。

关于越族崇拜鸟的记载比较多,其中一则是关于远古时代地处海滨的越族"鸟田"的神话传说。说的是禹统治天下时,"百鸟佃于泽",至禹崩后"众瑞并去"。无余受封,修建禹庙并祭祀大禹,于是又有了"鸟田之利"。无余传位十多代以后,不再祭祀大禹。后来一个刚出生的婴儿开口说话,说要恢复从前祭祀大禹的礼节,得到了人民的拥护与欢迎,于是重新恢复祭祀大禹,鸟田之瑞又回来了。显然这里的"鸟田"是一种吉祥的象征。《吴越春秋》有"春拔草根,秋啄其秽","一盛一衰,往来有常"等记载,这些鸟可能是鸿雁之类的候鸟,是能帮助农民除虫灭害和除草的益鸟。所以直至汉代,上虞县令特地下令:"禁民不得妄害此鸟,犯则刑无赦。"关于越人鸟图腾崇拜的早期文献见于《禹贡·扬州》的"鸟夷卉服"。"鸟夷"是指以鸟为图腾的部族,为越人的一支。在《史记·越世家》等汉人著作中记载,越人讲的是鸟语,甚至连其国王勾践也是"长颈鸟喙",一副鸟相。

越族鸟图腾崇拜的实物资料也很多,如绍兴坡塘306号春秋晚期墓中,有一件铜庙堂建筑模型,平面呈方形,四坡攒尖顶,顶中心立八角柱,柱上饰"大尾鸠",室内还有六人正在举行祭祀活动的场面(如图2)。鄞州发现的一件战国时期的铜钺,正面有四个头戴羽冠的越人泛舟图案(如图3)。另外,发现的一些青铜鸠杖,杖首顶端均立一只双翅微展的大尾鸠(如图4)。这些实物很好地说明了越族崇拜鸟图腾的事实。更有甚者,春秋晚期至战国时期的越国王室或官方文字特意变作"鸟篆",镌刻于剑、戈、矛等兵器上。所谓鸟篆,就是有意识地把每一个篆字的某些笔画变作(或附加上)鸟形,具有美观和鸟图腾崇拜的双重作用。如出土于湖北江陵的越王勾践剑,在剑身近格处刻了两行八字鸟篆铭文:"越王鸠浅自作用剑"(如图5)。此类兵器上的鸟篆铭文还有很多,很难一一列举。

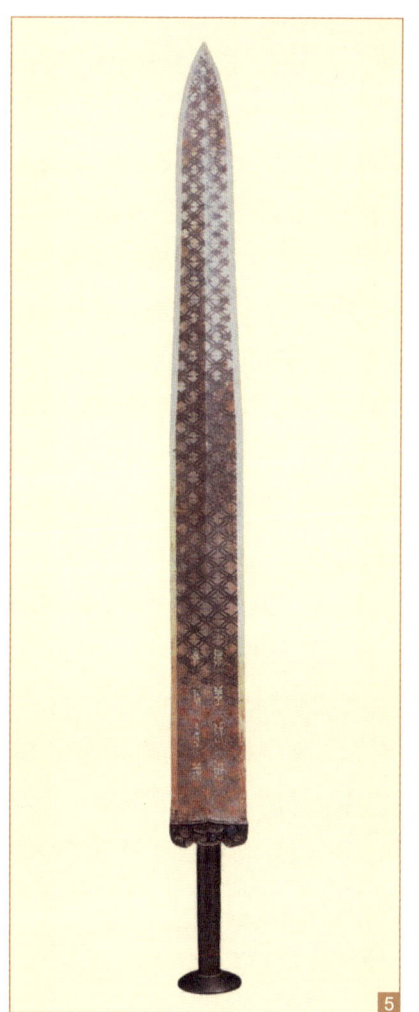

河姆渡先民崇拜的鸟多作钩喙大尾，与良渚文化玉钺、玉璧上的鸟图案，乃至越族青铜鸠杖上的鸠鸟基本相同，属一脉相承。这种鸠鸟似乎后来已演变成《搜神记》中所称的"冶鸟"和《吴越备史》中的"罗平鸟"。

越人鸟图腾的遗俗在汉晋文物乃至后来的文献记载和传说中也有反映。在绍兴、上虞、余姚、慈溪等地汉代青瓷器上，大多以鸟或鸟纹作装饰。比较著名的如余姚、慈溪等地常见的西晋青瓷人物楼阁罐（魂瓶），往往堆塑了许多飞鸟、人物和楼阁（如图6），上虞还出土有西晋鸟形青瓷杯等。显然同本地传说已久的鸟是图腾神灵有关系。足见从河姆渡文化直至越族的鸟图腾崇拜影响之深远。

二、习水便舟

河姆渡文化发现的20多件木桨和3件陶舟模型，说明河姆渡先民熟识水性和擅长舟楫，到了6000年前河姆渡先民移居舟山群岛，是先民具有航海能力的最有说服力证据。良渚文化时期不仅有木桨，在余杭临平茅山古河道中，还发现一艘基本保存完整的独木舟，头尖尾方，全由整段巨木凿成。余杭南湖发现一艘保存较好的竹筏，由五道竹篾编缀而成。

春秋战国时期，越族先民更以擅长舟楫而著称海内。《淮南子》称："胡人便于马，越人便于舟。"《汉书·严助传》也说，越人"习于水斗，便于用舟"。越王勾践自称其民是"以船为车，以楫为马，往若飘风"。越国为此专门设立"船宫"、"舟室"等造船的管理机构，还训练大规模的水师。吴越两国还对各自的战船命名，文献中记载的有馀皇大舟、楼船、戈船、大翼、中翼、小翼、突冒、桥舡和下濑船等。按船体结构形式有筏、舫、独木舟、木板船、游艇等。江苏宜兴西渚出土一条东周或稍晚的独木舟，江苏武进奄城曾出土四条春秋时期的独木舟，江苏吴江苑坪出土一条战国时的独木舟，浙江嵊州也出土一条战国时期的独木舟，舟

图③ 羽人划船纹铜钺
图④ 青铜鸠杖端饰
图⑤ 越王勾践剑
图⑥ 青瓷人物楼阁罐

中的印纹陶罐内还装着菱角。

三、种植水稻

河姆渡先民以种植水稻为生,稻米已经成为先民的主要食物,其稻作农业已发展到耜耕农业阶段。越族也以擅长种植水稻著称。《吴越春秋》载"越地肥沃,其种甚嘉"。尤其是《史记·河渠书》《汉书·沟洫志》的记载更能说明问题。"河东渠田废,予越人,令少府以为稍入。"说的是越族先民迁徙到江淮间的时候,汉人把荒废不能耕种的田地分给越族先民,经越族先民耕种以后,不仅自己能吃饱,并且还有余粮交给少府,足以说明直至西汉之时的水稻种植业,仍以越族先民最为拿手。《史记·货殖列传》载:"楚越之地,地广人稀,饭稻羹鱼。"反映出稻、鱼是越族先民的主要物产,也是当地越族先民的主要食物。如果追溯这一"饭稻羹鱼"的饮食习俗源头,河姆渡文化应是重要源头。

四、干栏式建筑

河姆渡先民的房屋是干栏式建筑,它既可防湿热,又可防兽害,是原始巢居的继承和发展,同时也是与南方湿热多雨的自然地理环境相适应的居住形式。江苏吴江龙南遗址的房屋有半地穴式和浅地穴式,也有以木桩为基础架空居住面的"干栏式"建筑。其中的一座干栏式建筑东西面宽10米,分隔成三间,每间

宽 2.4~3.3 米，进深 3.9 米。三间屋并排，南面有约长 10 米、宽 1 米的长廊。这种房屋从结构到形式几乎与河姆渡文化干栏式建筑一模一样。修建干栏式建筑用的材料大多是木或竹、茅草等有机物，不易保存而很少发现。浙江海盐仙坛庙发现一件带盖圈足盘，在盘的内底刻划一座干栏式建筑，下部为木桩（柱），桩上架有横木或板，然后在横木上立柱盖顶形成上面部分，屋顶为四面坡，这是目前所见时代最早的干栏式建筑图像。

干栏式建筑在百越民族中仍然十分流行。玉环三合潭发现春秋战国时期木构建筑遗迹，以密集分布的 100 余根大小桩木、木柱为主，平面布局完整，据研究，这是一种以挖坑、垫板、立柱为基本营建手段的干栏式建筑（如图 7）。这种建筑形式曾在河姆渡文化中期十分盛行，可见其渊源。另外，宁波的句章城内也发现了干栏式建筑房屋（如图 8）。看来，百越民族中干栏式建筑依然十分盛行，直至今日它仍然是我国西南地区少数民族的主要建筑形式。

五、有段石锛

"有段石锛"指的是一种背部偏上带有段脊的特殊石锛，与木质或骨质的器柄构成复合工具。段脊的功能是便于牢固地捆绑或套装在器柄头部，从而延长手臂以提高工作效率。有段石

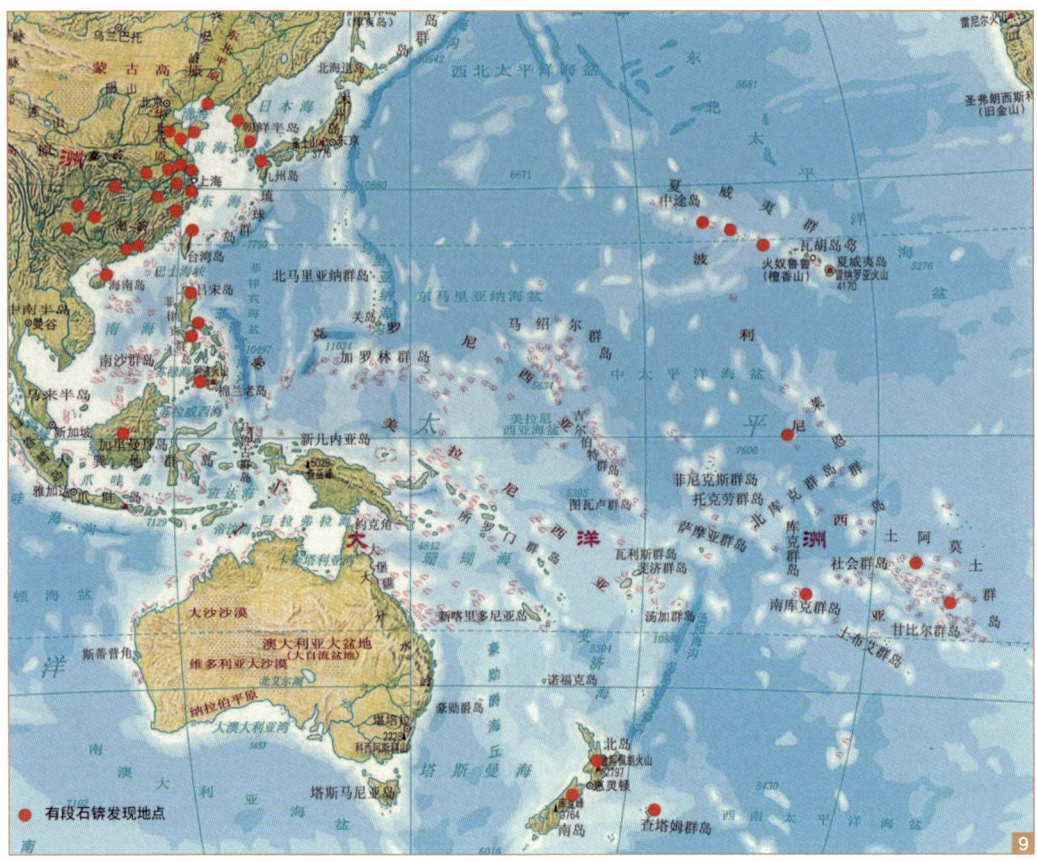

锛曾广泛发现于我国东南地区及南太平洋诸岛广大地方。考古工作者研究认为，河姆渡文化发现的弧背形石锛是有段石锛的最初形式，河姆渡文化中这种弧背形石锛从早到晚器物形态向有段石锛演变的序列十分完整，至良渚文化阶段进入鼎盛期，也逐渐向四周传播。传播的路径分别是北、西、南三路（如图9所示）：

北路经苏北到山东，横跨渤海湾至辽东半岛，另一支则由山东半岛横渡黄海到达朝鲜半岛，然后南折跨对马海峡传入日本；还有一支由苏北、安徽传入河南。

西路则由浙江传入江西和安徽南部以后，继续向西进入湖北、湖南；另一支南折入广东，并与由福建入广东的南路分支和珠江三角洲的土著文化——有肩石斧碰撞融合，从而产生了另

一种独特形式——有肩有段石锛,并由此向广西、贵州、云南西部传播。

南路主要是由浙江入福建,后越海传入台湾,及至菲律宾。然后再从菲律宾向周围辐射,西进印尼,东抵波利尼西亚,南面直到新西兰。

由上可见,河姆渡先民所创造的有段石锛,传播路线之远、范围之广、年代之久、影响之深,在中外古文化史上写下了光辉的一页。

进入商周时期,越族先民开始以青铜制作生产工具,但传统的石质生产工具仍在继续使用。在对该时期宁波地区的村落遗址考古发掘中,经常能见到数量众多的有段石锛,制作也比以前精细,只是在数量上明显少于良渚文化的鼎盛时期。

六、陶釜、釜支架、鸭形壶

陶釜和釜支架是河姆渡文化最具特色的炊具,其发达的绳纹装饰和器形特点,贯穿于河姆渡文化始终。比较有意思的是,良渚文化的炊器都是陶鼎,仅在宁波地区还有极少量陶釜存在,但是不见与其配套使用的釜支架。到了夏商周时期,夹砂陶釜和釜支架又在本地区重新出现,而且陶釜上也以拍印绳纹为装饰。河姆渡文化陶盉,外形似皮囊,把手安置于同一直线上

图⑨ 有段石锛分布示意图
图⑩ 印纹硬陶鸭形壶

的器口与管状嘴之间,与马家浜文化陶盉的把手多安在腹部侧面,器嘴或流与把手相互垂直呈直角不同。在上虞、慈溪、鄞州等商周时期遗址中,都出土了数量众多的鸭形壶,器形与河姆渡文化陶盉比较接近(如图10)。

七、几何形印纹陶

浙江是夏商周时期印纹硬陶的一个重要分布区,全省各地都有发现,而早期印纹陶器上拍印的几何形纹样,在河姆渡文化中也能找到。如柄部刻有斜线纹和编织纹的骨匕(如图11),以及木桨、木雕鱼形器柄、牙雕盅形器、骨锯齿状器(如图12)、木板构件、陶纺轮、刻花陶块、陶盉(如图13)的装饰图案等,都是以几何形纹样为装饰,陶纺轮和刻划陶片上还以近似云雷纹为装饰,至于波浪纹也非常常见。再如苇席的编织纹样更应是印纹陶器上编织纹(或称席纹)的滥觞。

八、珍狗之俗

狗是人类忠实的伙伴,人们对它们都比较珍惜。河姆渡文化发现的狗头骨,大多比较完整,一些破碎的狗头骨沿骨缝自然脱开,并不像有意打开的,而其他动物的头骨都被人为敲碎,说明先民对狗的态度与对其他动物不同。房屋周围发现的大量狗粪中,有大量鱼类等细碎动物骨骼,是河姆渡先民与狗亲近的

⑬

反映。狗在越族先民心目中同样占据着重要地位，如《吴越春秋·勾践伐吴外传》记载勾践奖励生育措施，"生男二，赈之以壶酒一犬；生女二，赐以壶酒一豚"，把狗列为比猪贵重的奖励物资，反映出越族以狗为珍品的习俗。这种珍狗之俗，在今日浙江台州、温州、丽水及至浙闽交界地区的越族后裔中保留了下来，"父母死亡，杀犬祭之"。祭祀父母祖先的供品，必然是珍品，可见狗在越族先民心中的地位之重要。

九、食猴脑

河姆渡文化出土的猴头骨经古动物学家鉴定研究，认为先民有吸食猴脑习俗。联想到三国沈莹的《临海水土异物志》中记载的越族后裔，"皆好猴头羹，以菜和中以醒酒，杂五众曛不及也。其俗言：宁自负人千石之粟，不愿负猴头羹"。以猴脑为美食，李时珍在《本草纲目》中也有记载，至今在广东、福建、浙江一带遗风尚存。

综上所述，河姆渡文化与越文化存在着密切的亲缘关系，也就是说河姆渡文化是越文化的重要源头，这已经得到越来越多的专家和学者的肯定与支持。

参考文献

01 浙江省文物管理委员会、浙江省博物馆:《河姆渡遗址第一期发掘报告》,《考古学报》,1978年第1期。

02 牟永抗:《试论河姆渡文化》,《中国考古学会第一次年会论文集》,文物出版社,1979年。

03 河姆渡遗址考古队:《河姆渡遗址第二期考古发掘主要收获》,《文物》,1980年第5期。

04 刘军:《河姆渡文化遗址调查概况》,《浙江省文物考古所专辑》,1980年。

05 刘军:《河姆渡文化的再认识》,《中国考古学会第三次年会论文集》,文物出版社,1980年。

06 罗家角考古队:《桐乡县罗家角遗址发掘报告》,《浙江省文物考古研究所学刊》第1辑,1981年。

07 吴维棠:《从新石器时代文化遗址看杭州湾两岸的全新世古地理》,《地理学报》,1983年6月,第38卷第2期。

08 吴维棠:《七千年来姚江平原的演变》,《地理科学》,1983年9月,第3卷第3期。

09 陈桥驿等:《浙江地理简志》,浙江人民出版社,1985年。

10 杨鸿勋:《建筑考古学论文集》,文物出版社,1987年。

11 陈桥驿:《越族的发展与流散》,《东南文化》,1989年第6期。

12	魏丰等:《浙江余姚河姆渡新石器时代遗址动物群》,海洋出版社,1989年。
13	石兴邦:《中国新石器时代考古文化与生态环境的考察》,《史前研究》,1990、1991年合辑。
14	林华东:《河姆渡文化初探》,浙江人民出版社,1992年。
15	浙江省文物考古研究所、宁波市文物考古研究所:《宁波慈湖遗址发掘简报》,《浙江省文物考古研究所学刊》第2辑,1992年。
16	名山后遗址考古队:《奉化名山后遗址第一期发掘主要收获》,《浙江省文物考古研究所学刊》第2辑,1992年。
17	浙江省文物考古研究所、象山县文物管理委员会:《象山县塔山遗址第一、二次发掘》,《浙江省文物考古研究所学刊》第2辑,1992年。
18	浙江省文物考古研究所:《慈溪市彭东、东安的土墩墓与土墩石室墓》,《浙江省文物考古研究所学刊》第2辑,1992年。
19	刘军、王海明:《宁绍平原良渚文化初探》,《东南文化》1993年第1期。
20	刘军、姚仲源:《中国河姆渡文化》,浙江人民出版社,1993年。
21	陈忠来:《河姆渡文化探源》,团结出版社,1993年。
22	劳伯敏:《河姆渡干栏式建筑遗迹初探》,《南方文物》,1995年第1期。
23	乐承耀:《宁波古代史纲》,宁波出版社,1995年。
24	王海明:《宁绍平原史前农业初探》,《农业考古》,1996年第3期。
25	李仰松:《民族考古学论文集》,科学出版社,1998年。
26	邵九华等:《河姆渡——中华远古文化之光》,中国大百科全书出版社,1998年。
27	浙江省文物考古研究所、河姆渡遗址博物馆:《河姆渡文化研究》,杭州大学出版社,1998年。
28	王海明:《河姆渡文化渊源思考》,《河姆渡文化研究》,杭州大学出

	版社,1998年。
29	刘军、蒋乐平:《宁绍地区新石器时代文化若干问题探讨》,《河姆渡文化研究》,杭州大学出版社,1998年。
30	林士民:《浙东沿海土墩遗存探索》,《东南文化》,1998年第2期。
31	浙江省文物考古研究所编:《浙江考古精华》,文物出版社,1999年。
32	王恩涌等:《人文地理学》,高等教育出版社,2000年。
33	陈忠来:《太阳神的故乡》,宁波出版社,2000年。
34	浙江省文物考古研究所、河姆渡遗址博物馆:《余姚市鲻架山遗址发掘报告》,《史前研究》2000年专刊,三秦出版社,2000年。
35	浙江省文物考古研究所、厦门大学历史系:《浙江余姚市鲻山遗址发掘简报》,《考古》,2001年第10期。
36	周新华:《稻米部族》,浙江文艺出版社,2002年。
37	河姆渡遗址博物馆叶树望主编:《河姆渡文化精萃》,文物出版社,2002年。
38	余姚市文物保护管理所叶树望主编:《余姚文物图录》,天马图书有限公司,2002年。
39	浙江省文物考古研究所编:《沪杭甬高速公路考古报告》,文物出版社,2002年。
40	孙国平:《宁绍地区史前文化遗址地理环境特征及相关问题探索》,《东南文化》,2002年第3期。
41	浙江省文物考古研究所:《宁波慈城小东门遗址发掘简报》,《东南文化》,2002年第9期。
42	林士民:《宁波钱岙商周遗址试掘简报》,《东南文化》,2003年第3期。
43	浙江省文物考古研究所:《河姆渡——新石器时代遗址发掘报告》,文物出版社,2003年。
44	冯小妮、高蒙河:《宁绍地区早期遗址群的量化分析》,《东南文

	化》,2004年第6期。
45	胡连荣:《舟山海域哺乳动物化石研究》,《浙江海洋学院学报(自然科学版)》,2004年9月,第23卷第3期。
46	浙江省文物考古研究所、萧山博物馆编:《浦阳江流域考古报告 —— 跨湖桥》,文物出版社,2004年。
47	王海明等:《河姆渡文化的扩散与传播》,《南方文物》,2005年第3期。
48	蒋乐平等:《北仑沙溪新石器时代遗址发掘简报》,《南方文物》,2005年第5期。
49	浙江省文物考古研究所编:《纪念良渚遗址发现七十周年学术研讨会文集》,科学出版社,2006年。
50	中共杭州市余杭区委宣传部主编:《良渚文化》,西泠印社出版社,2007年。
51	孙国平:《远古江南 —— 河姆渡遗址》,天津古籍出版社,2008年。
52	叶树望主编:《姚江田野考古》,浙江古籍出版社出版,2008年。
53	李安军主编:《田螺山遗址 —— 河姆渡文化新视窗》,西泠印社出版社,2009年。
54	叶树望主编:《姚江典藏古代文物》,浙江古籍出版社,2009年。
55	浙江省文物考古研究所编:《浙江考古新纪元》,科学出版社,2009年。
56	秦岭等:《早期农业聚落的野生食物资源域研究 —— 以长江下游和中原地区为例》,《第四纪研究》,2010年3月,第30卷第2期。
57	王结华等:《新世纪宁波考古新发现》,《宁波文物考古研究文集(二)》,科学出版社,2012年。
58	王结华:《文献记载中的宁波古城》,《宁波文物考古研究文集(二)》,科学出版社,2012年。
59	王结华等:《古越遗珍研究》,科学出版社,2010年。

60	北京大学中国考古学研究中心、浙江省文物考古研究所编:《田螺山遗址自然遗存综合研究》,文物出版社,2011年。
61	浙江省文物局:《发现历史——浙江新世纪考古成果展》,中国摄影出版社,2011年。
62	宁波市文物考古研究所、慈溪市博物馆:《浙江省慈溪市童家岙遗址2009年试掘简报》,《东南文化》,2012年第3期。
63	吴立等:《全新世以来浙江地区史前文化对环境变化的响应》,《地理学报》,2012年第7期。
64	宁波市文物考古研究所编:《傅家山——新石器时代遗址发掘报告》,科学出版社,2013年。

图 片 来 源

01. 林华东:《河姆渡文化初探》,浙江人民出版社,1992年。
02. 浙江省文物考古研究所编:《浙江考古精华》,文物出版社,1999年。
03. 浙江省文物考古研究所编:《浙江考古新纪元》,科学出版社,2000年。
04. 叶树望主编:《姚江典藏古代文物》,浙江古籍出版社,2000年。
05. 浙江省文物考古研究所:《河姆渡——新石器时代遗址考古发掘报告》上、下册,文物出版社,2003年。
06. 河姆渡遗址博物馆编:《河姆渡文化精粹》,文物出版社,2002年。
07. 浙江省文物考古研究所:《沪杭甬高速公路考古报告》,文物出版社,2002年。
08. 浙江省文物考古研究所:《河姆渡——新石器时代遗址考古发掘报告》,文物出版社,2003年。
09. 浙江省博物馆编:《越魂——历久弥新的民族精神》,浙江人民出版社,2004年。
10. 浙江省文物考古研究所等:《跨湖桥》,文物出版社,2004年。
11. 丁金龙:《关于良渚聚落与居住址建筑形式及结构的探讨》,《浙江省文物考古研究所学刊第八辑》,科学出版社,2006年。
12. 福建博物院:《2004年平潭壳丘头遗址发掘报告》,《福建文博》,2009年第1期。
13. 浙江省博物馆编:《浙江省博物馆编典藏大系——史前双璧》,浙江古籍出版社,2009年。
14. 李安军主编:《田螺山遗址——河姆渡文化新视窗》,西泠印社出版社,2009年。
15. 宁波市文物考古研究所、慈溪市博物馆:《浙江省慈溪市童家岙遗址2009年试掘简报》,《东南文化》2012年第3期。
16. 王结华等:《古越遗珍研究》,科学出版社,2010年。
17. 《宁波晚报》:《句章故城考古重大进展》,2011年6月8日。
18. 浙江省文物局:《发现历史——浙江新世纪考古成果展》,中国摄影出版社,2011年。
19. 宁波市文物考古研究所:《宁波市文物考古研究文集(二)》,科学出版社,2012年。
20. 宁波市文物考古研究所:《傅家山——新石器时代遗址发掘报告》,科学出版社,2013年。
21. 河姆渡遗址博物馆编:《河姆渡遗址——四十年发现路》,2013年。

致谢:本书的许多图片来源于浙江省文物考古研究所、宁波市考古研究所考古发掘材料以及浙江省博物馆、河姆渡遗址博物馆文物藏品,浙江省文物考古研究所王海明、孙国平先生对本书悉心指导并提供了珍贵资料,提供图片的还有加拿大多伦多大学谢礼晔女士,宁波出版社责任编辑徐飞先生更是不辞辛劳,在此表示衷心感谢!

图书在版编目（CIP）数据

东方曙光：宁波史前文明/黄渭金著．—宁波：
宁波出版社，2014.11（2023.7重印）
（宁波文化丛书．第 1 辑）
ISBN 978-7-5526-1812-9

Ⅰ．①东… Ⅱ．①黄… Ⅲ．①史前文化－文化史－宁波市 Ⅳ．① K295.53

中国版本图书馆 CIP 数据核字（2014）第 227807 号

丛 书 名　宁波文化丛书·第一辑
丛书主编　何　伟

本册书名　东方曙光：宁波史前文明
著　　者　黄渭金

责任编辑　徐　飞
装帧设计　金字斋

出版发行　宁波出版社
地　　址　宁波市甬江大道 1 号宁波书城 8 号楼 6 楼
邮　　编　315040
网　　址　http://www.nbcbs.com
电　　话　0574-87341015（编辑部）
印　　刷　宁波白云印刷有限公司
开　　本　710 毫米 ×1000 毫米　1/16
印　　张　15
字　　数　105 千
版　　次　2014 年 11 月第 1 版
印　　次　2023 年 7 月第 2 次印刷
标准书号　ISBN 978-7-5526-1812-9
定　　价　35.00 元

（版权所有　翻印必究）
图书若有倒装缺页影响阅读，请与出版社联系调换。电话：0574-87248279